U0662292

汉画总录

8

绥德

GUANGXI NORMAL UNIVERSITY PRESS
广西师范大学出版社
·桂林·

The Getty Foundation

本项目研究得到盖蒂基金会的资助。

Research for this publication was supported by a grant from the Getty Foundation.

项目统筹　汤文辉　罗文波　李　琳
责任编辑　罗财勇　唐炜琛　俞　琦　伍丽云
装帧设计　李若静　陆润彪　刘　凛　黄　赟
责任技编　伍智辉

图书在版编目（CIP）数据

汉画总录. 8，绥德 / 康兰英，朱青生主编. —桂林：
广西师范大学出版社，2012.8（2023.3 重印）
　ISBN 978-7-5495-3121-9

　Ⅰ．汉… Ⅱ．①康…②朱… Ⅲ．①画像砖—史料—
研究—中国—汉代②画像砖—史料—研究—绥德县—汉代
Ⅳ．K879.444

　中国版本图书馆 CIP 数据核字（2012）第 307369 号

广西师范大学出版社出版发行

（广西桂林市五里店路 9 号　邮政编码：541004）
（网址：http://www.bbtpress.com）
出版人：黄轩庄
全国新华书店经销
广西广大印务有限责任公司印刷
（桂林市临桂区秧塘工业园西城大道北侧广西师范大学出版社集团
有限公司创意产业园内　邮政编码：541199）
开本：787 mm × 1 092 mm　1/16
印张：15　　字数：100 千字
2012 年 8 月第 1 版　　2023 年 3 月第 2 次印刷
定价：800.00 元

如发现印装质量问题，影响阅读，请与出版社发行部门联系调换。

序

文字记载，图画象形。人性之深奥、文化之丰富俱在文献形相之中；史实之印证、问题之追索无非依靠文字图形。[1] 汉画乃有汉一代形相与图画资料之总称。

汉代之前，有各种物质文化遗迹与形相资料传世。但是同时代文献相对缺乏，虽可精观细察，恢复格局，重组现象，拾取位置、结构和图像信息，然而毕竟在紧要处，但凭推测，难于确证。汉代之后，也有各种物质文化遗迹与形相资料传世，但是汉代之前问题不先行获得解释，后代的讨论前提和基础就愈加含糊。尤其渊源不清，则学难究竟。汉代的文献传世较前代为多，近年汉代出土文献日增，虽不足以巨细问题尽然解决，但是与汉代之前相比，判若文献"可征"与"不可征"之别。所以，汉画作为中国形相资料的特殊阶段，据此观察可印之陈述，格局能佐之学理，现象会证之说明；位置靠史实印证，结构倚疏解诠释。因图像信息与文字信息的双重存在，将使汉画成为建立中国图像志，用形相学的方法透入历史、文化和人性的一个独特门类。此汉画作为中国文化研究关键理由之一。

两汉之世事人情、典章制度可以用文字表达者俱可在经史子集、竹帛简牍中钩沉索隐，而信仰气度、日常生活不能和不被文字记述者，当在形相资料中考察。形者，形体图像；相者，结构现象。事隔两千年形成古今感受之间的千仞高墙，得汉画其门似可以过入。而中国文明的基业，多始于汉代对前代的总结、集成而制定规范；即使所谓表率万世之儒术，亦为汉儒所解释而使之然。诸子学说亦由汉时学人抄传选择，隐显之功过多在汉人。而道德文章、制度文化之有形迹可以直接回溯者，更是在汉代确立圭臬，千秋传承，大同小异，直至中国现代化来临。往日的学术以文字文献为主，自从进入图像传播时代，摄影、电视造成了人类看待事物的新方法，养成了直接面对图像的解读能力。于是反观历史，对于形相资料的重视与日俱增。因此，由于汉代奠定汉族为主

---

[1] 对于古史，有所谓四重证据法：传世文献+出土文献+出土文物+依地形、位置和建筑建构遗存复原的文化环境设想。但任何史实，多少都有余绪流传至今，则可通过现今活态遗存，以今证古，这是西方人类学、文化地理学中使用的方法。例如，可从近日的墓葬石工技艺中考溯汉代制作；再如，今日非物质文化遗产中的祭祀庆典仪式，其中可能有此地同族举行同类型活动的延承，正所谓"礼失而求诸野"。所以，对于某些历史对象，可以采用"六重证据法"：传世文献+出土文献+出土文物+复原的文化环境设想+现今活态遗存+试验考古（即用当时的工具、材料、技术、观念重新试验完成一遍古代特定的任务）。对问题的追索无非依靠文字和形相两种性质的材料，故略称"文字图形"。

体的文明而重视汉代，由于读图观相的时代到来而重视图画，此汉画之为中国文化研究关键理由之二。

"汉画"沿用习称。《汉画总录》关注的汉画包括画像石、画像砖、帛画、壁画、器物纹样和重要器物、雕刻、建筑（宗教世俗场所和陵墓）。所以，与《汉画总录》互为表里的国家图像数据库[2]则称之为"汉代形像资料"，是为学术名称。

汉画研究根基在资料整理。图像资料的整理要达到"齐全"方能成为汉画学的基础。所谓齐全，并非奢望汉代遗迹能够完整留存至今，而是将现存遗址残迹，首先确定编号，梳理集中，配上索引，让任何一位学者或观众，有心则可由之而通览汉代的形相资料总体，了解究竟有多少汉代图形存世。能齐观整体概况，则为齐也。如果进一步追索文化、历史和人性的问题，则可利用这个系统，有条理、有次序地进入浩瀚的形相数据，横征纵析，采用计算机详细精密的记录手段和索引技术，获取现有的全部图像材料。与我们陆续提供给学界的"汉代古文献全文数据库"和"中文、西文、日文研究文献数据库"互为参究，就能协助任何课题，在一个整体学科层面上开展，减少重复，杜绝抄袭，推动研究，解决问题。能把握学科动态则为全也。《汉画总录》是与国家图像数据库相辅相成的一个长期文化工程，是依赖全体汉画学者努力方能成就的共同事业。一事功成，全体受益。如果《汉画总录》及其索引系统建成完整、细致、方便的资料系统，汉画学的推进，可望会有飞跃。对其他学科亦不无帮助。

汉画编目和《汉画总录》的编辑是烦琐而细致的工作。其平常在枯燥艰苦的境况中日以继夜。此事几无利益，少有名声，唯一可以告慰的是我们正用耐心的劳动，抹去时间的风尘，使中国文明之光的一段承载——汉画，进入现代学术的学理系统中，信息充溢，条理清楚，惠及学界。况且汉画虽是古代文化资料，毕竟养成和包蕴汉唐雄风；而将雄风之遗在当今呈现，是对中国文明的贡献，也是为人类不同文明之间更为深刻的互相理解和世界在现代化中的发展提示参照。

人生有一事如此可为，夫复何求？

编　者

2006 年 7 月 25 日

---

[2] 2005年文化部将中国汉代图像信息综合调查与数据库项目纳入"国家数据库专项"系统。

编辑体例

《汉画总录》包括编号、图片、图片说明、图像数据、文献目录、索引六部分内容。

1. 编号

为了研究和整理的需要,将现有传世汉画材料统一编号。编号工作归属于一个国家项目协调(《中国汉代图像信息综合调查与数据库》为国家艺术科学"十五"规划项目)。方法是以省、区编号(如陕西 SSX,山西 SX)加市、县,或地区编号(如米脂 MZ)再加序列号(三位),同一汉画组合中的部件在序列号之后加横杠,再加序列号(两位)。比如米脂党家沟左门柱,标示为 SSX-MZ-005-01(说明:陕西—米脂—党家沟画像石墓—左门柱)。编号最终只有技术性排序,即首先根据"地点"的拼音缩写的字母排列顺序,在同一地点的根据工作序列号的顺序排序。

地点是以出土地为第一选择,不在原地但仍然有确切信息断定其出土地的,归到出土地编号,并在图片说明中标示其收藏地和版权所有者。如果只能断定其出土地大区(省、区),则在小区(市、县、地区)部分用"××"表示。比如美国密西根大学博物馆藏的出自山东某地,标示为 SD-××-001。如果完全不能断定其出土地点,则以收藏地点缩写编号。

编号完成之后,索引、通检和引证将大为方便。论及某一个形象或画面,只要标注某编号,不仅简明统一,而且可以在《汉画总录》和与此相表里的国家图像数据库(文化部将中国汉代图像信息综合调查与数据库项目纳入"国家数据库专项"系统)中根据检索方法立即找到其照片、拓片、线图、相关图像和墓葬的全部信息,以及关于这个对象尽可能全面的全部研究成果,甚至将来还可以检索到古文献和出土文献的相关信息,以及同一类型图像或近似图像的公布、保存和研究情况。

2. 图片

记录汉代画像石、画像砖的图片采取拓片、照片和线图相比照的方式处理。[1]传统著录汉画的方式是拓片,拓片的特点是原尺寸拓印。同时,拓片制作时存在对图像的取舍和捶拓手工轻重粗精之别,而成为独立于原石的艺术品。拓片不能完整记录墓葬中画像砖石的相互衔接和位置关系,以及墓葬内的建筑信息,无法记录画像石上的墨线和色彩,对于非平面的、凸凹起伏的浮雕类画

---

[1] 由于在《汉画总录》的编辑方针中,将线描用于对图像的解释和补充,线描制作者的观点和认识会有助于读者理解,但也形成了一定的误导和局限,因此在无必要时,将逐步减少线描的数量,而把这个工作留待读者在研究时自行完成。

像砖石，也不能有效地记录其立体造型。不同拓片制作者以及每次制得的拓片都会有差异。使用拓片一个有意无意的后果是拓片代替原石成为研究的起点，影响了对画像石的感受和认知。拓片便利了研究的同时也限制了研究。只是有些画像砖石原件已失，仅存拓片，或者原石残损严重，记录画像砖石的拓片则为一种必要的方法。

照片对画像砖石的记录可以反映原件的质地和刻划方法、浮雕的凸凹起伏，能够记录砖石上的墨线和色彩，是高质量的图像记录中不可缺失的环节。线图可以着重、清晰地描绘物像的造型和轮廓，同时作为一种阐释的方法，可以展示、考察、记录研究者对图像的辨识和推证。采取线图、照片、拓片相结合的途径记录画像砖石，可相互取长补短，较为完备。

帛画、壁画和器物纹样一般采用照片和线图。

其他立体图像采用照片、三维计算机图形、平面图和各种推测性的复原图及局部线图。组合图与其他图表的使用，在多部组合关系明确的情况下，一般会给出组合图加以标明，用线描图呈现；在多部组合而关系不明确的情况下则或缺存疑。其他测绘图、剖面图、平面图以及相关列表等均根据需要，随着录列出，视为一种图解性质的"说明"。[2]

3. 图片说明

图片说明分为两个部分。其一是关于图片的基本信息，归入"4. 图像数据"中说明；其二是对于图像内容的描述。描述古代图像时，基于古今处在不同的观念体系中的这一个基本前提，采取不同方式判定图像。

3.1 尝试还原到当时的概念中给予解释[3]，在此方向下通常有两种途径。

3.1.1 检索古代文献中与图像对应的记载或描述，作出判定。但现存的问题，一是并非所有图像都能在文献中找到相应的记载或解释，即缺乏完备性；二是这种对应关系是人为赋予的，文献

---

[2] 根据编辑需要，在材料和技术允许的情况下，会给出部分组合关系图。由于编辑过程受到各种条件的限制，尽其努力也无法解决全卷缺少部分原石图、拓片、线图的情况，或者极个别原石尺寸不齐的情况，目前保持阙如，待今后在补遗卷中争取弥补。

[3] 任何方式中我们都不可能完全脱离今人的认识结构这一立足点，不可能清除解释过程中"我"的存在，难以避免以今人的观念结构去驾驭古代的概念。完全回到当时当地观念中去只是设想。解释策略决定了解释结果。在第一种方式中，我们的目的不是把自己置换到古人的处境中去体验，而是去认识古人所用概念及其间结构关系。

与图像并不存在必然的联系，且不同研究者可能做出不同的判断[4]；三是现存文献只是当时多种版本的一种，民间工匠制作画像石所依据的口述或文字版本未必与经过梳理的传世文献（多为正史、官方记录和知识分子的叙述）相符。

3.1.2 依据出土壁画上的题记、画像砖石上的榜题、器物上的铭文等出土文字材料，对相应图像做出判定，这种方式切近实况，能反映当时当地的用语，但是能找到对应题记的图像只占图像总体的一小部分。

3.2 在缺失文献的情况下，重构一种图像描述的方式——尽量类型化并具有明晰的公认性。如大量出现的独角兽，在尚不确定称其为"兕"还是"獬豸"时，便暂描述为独角兽，尽管现存汉代文献中可能无"独角兽"一词。同时，图像描述采取结构性方式，即先不做局部意义指定，而是在形状—形象—图画—幅面—建筑结构—地下地上关系—墓葬与生宅的关系—存世遗迹和佚失部分（黑箱）之间的关系等关系结构中，判定图像的性质或意义。尽管没有文字信息，图像在画面和墓葬中的位置和形相关系提供了考察其意义和功能的线索。

在实际图片说明中，上述两种方式往往并用。对图像的描述是在意识到这些问题的情况下展开的，部分指谓和用语延承了以往的研究，部分使用了新词，但都不代表对图像含义的最终判定，而只是一种描述。

4. 图像数据

图片的基本信息（诸如编号、尺寸、质地、时代、出土地、收藏单位等）实际上是图像数据库的一个简明提示。收入的汉画相关信息通过数据库的方式著录，其中包括画像石编号、拓片号、原石照片编号、原石尺寸[5]、画面尺寸、画面简述、时代、出土时间、征集时间、出土地[6]、收藏单位、原收藏号、原石状况（现状）、所属墓葬编号[7]、组合关系、著录与文献等项。文字、质地、色

---

[4] 关于此前题材判定和分类的方法和问题，参见盛磊《四川汉代画像题材类型问题研究》，硕士学位论文，北京大学，2002年。

[5] 原石尺寸的单位均为厘米，书中不再标识。

[6] 出土与征集的区分以是否经过科学发掘为界，凡经正式发掘（无论考古报告发表与否）均记为出土，凡非正式发掘（即使有明确出土地点和位置）均记为征集。

[7] 所属墓葬因发掘批次和年代各异，故记为发掘时间加当时墓葬编号，如1981M3表示党家沟1981年发掘的第3号墓葬。

彩、制作者、订件人、所在位置、相关器物、鉴定意见、发现人中有可著录者，均在备注项中列出。画像石墓表包括墓葬所在地、时代、墓葬所处地理环境、封土情况、发现和清理发掘时间、墓向、墓葬形制、随葬器物、棺椁尸骨、画像石装置，发现人、发掘主持人也在备注项中注出。建立数据库的目的和价值在于对数据库中的所有记录进行检索、比较、统计、分析，以期达到研究的完备性和规范性。[8]

5. 文献目录

文献目录列出一个区域（指对汉画集中地区的归纳，如陕北、南阳、徐州、四川等，多根据汉画研究的分区，而非严格的行政区划）有关汉画内容的古文献、研究论著和论文索引，并附内容提要。在每件汉画著录中列专项注出其相关研究文献。

6. 索引

按主题词和关键词建立索引项，待全部工作结束之后，做成总索引。因为《汉画总录》的分卷编辑虽然是按现在保管地区为单位齐头并进，但各种图像材料基本按出土地点各归其所，所以地名部分不出分卷索引，只在总索引中另行编排。

朱青生

北京大学历史学系艺术史教研室

北京大学汉画研究所

2006 年 7 月 31 日

---

[8] 对于存在大量样本和繁杂信息的研究对象，数据库的应用是有效的。在考古类型学中，传统的制表耗费时力，且不便记忆和阅读，细碎的分类常有割裂有机整体之弊。《汉画总录》的设想是：（1）无论已有公论还是存疑的图像，一律不沿用旧有的命名及在此基础上的分类，而按一致的规范和方法记录；（2）扩大图像信息的范畴，全面记录相关要素，包括出土状况（发掘/清理/收集）、发现人、出土时间、出土地点及其所属古代区划、画像材质、尺寸、所属墓葬形制、画像位置、随葬器物及其位置、画像保存状况、铭文、已有断代、画像资料出处、相关图片、相关研究、收藏地等。图像则记录单位图像的位置及其间的组合情况；（3）利用数据库，按不同线索和层次对图像信息进行查询、检索，根据统计结果作出判断。

目　录

前　言

目前全国画像石的分布区域，大致划定了四个大区，陕北为其一。按照今天的行政区划，陕北应包括延安、榆林两个地区。早在 20 世纪 20 年代发现郭季妃夫妇合葬墓画像石以来，榆林地区所辖的十二个县中，绥德、米脂、神木、榆阳区、靖边、横山、子洲、清涧、吴堡等地不断发现画像石，截至目前，数量已逾 1200 块。北部相邻的内蒙古地区壁画墓的发现和少量的画像石出土，说明画像石的流行地域已经北至内蒙古包头一带。[1] 东南部隔黄河相望的山西省晋西北离石地区大量和陕北画像石风格相一致的画像石的发现，均打破了今天关于"陕北"的行政区划。而南部与榆林毗连区划属于"陕北"的延安地区却至今未见有汉代画像石出土的报道。

汉代的上郡、西河、朔方等郡同属并州。上郡辖地极广，东部已过黄河，西部至梁山山脉，北部跨越圜水直至无定河流域，南部尽桥山包括了延安地区的部分地域。西河郡本魏地，战国末并入秦。大致范围在今内蒙古伊克昭盟、榆林市、晋西北地区。顺帝永和五年（公元 140 年）汉王朝迫于匈奴的军事威胁，将西河郡治所由内蒙古的平定迁至今山西省离石县。今陕北榆林地区和山西省吕梁地区、内蒙古中南部部分地区分别是上郡和西河郡的辖地，画像石就出在汉代上郡和西河郡的辖地范围内。因此，目前，不论从汉代郡县的格局和范围，还是从今天的行政区划来看，加上画像石出土情况的佐证，"陕北画像石"这一惯性称谓显然不准确，以行政区划分别称之"榆林地区画像石"、"晋西北画像石"、"伊克昭盟画像石"较为合适。

榆林地区画像石墓主要分布在盛产石板的汉代郡县设置地的周围，即今无定河流域的绥德、米脂、子洲、清涧、吴堡县，突尾河流域的神木县，位于长城沿线，又在无定河流域的榆阳区、横山、靖边三县均有发现。神木县大保当、乔岔滩，榆阳区麻黄梁、红石桥的画像石出土地，已跨越长城以外。画像石中狩猎题材的画面，头戴胡帽、身着异服、脚蹬筒靴的牵驼人，舞者，技击者形象，墓葬中以狗、羊、鹿杀殉的习俗，残留的随葬器物铜马具、带扣等，明显具有匈奴文化特征；肩部篆刻"羌"字的陶罐，明显反映了羌人的遗风。这些实物资料对于研究古代北方多民族聚居的大概情形弥足珍贵。

秦汉时期，上郡、西河郡均为边郡之地，屯兵必多，加上移民实边的人数增加，促进了这一带的农牧业、手工业和商业的大发展，随之产生了众多大地主、大牧主、经商富户，还有那些戍边的将士，他们或者富甲一方，或者权势赫赫，在盛产石板的上郡、西河郡的辖地范围内，众多权势之流、富豪之辈，争相效仿，营造规格相对较高的画像石墓的群体逐渐形成，用画像石装饰

---

[1] 《包头发现汉代彩绘画像石墓》，载《美术观察》2008 年第 11 期，34 页。

墓室的葬俗便风行起来。绥德县黄家塔、四十里铺、延家岔，米脂县官庄，神木县大保当均有大的画像石墓葬群遗存。从铭刻文字的纪年石看，黄家塔、官庄同一墓地近距离内出土的多块铭刻王姓、牛姓的铭文，可证明是王氏、牛氏家族墓地。依据墓葬的排列形式、布局、墓室内的遗存，结合铭刻的文字内容，对于研究家族墓地形成的时代以及家族辈分之间的承袭关系都是不可多得的实物佐证。

汉代上郡、西河郡一带一定有些享誉一时的能工巧匠，绥德黄家塔辽东太守墓出土的画像石上铭刻的"巧工王子、王成"就是其中的代表。神木大保当、绥德郝家沟、榆阳区麻黄梁出土的画像石上，形制规格完全相同的长方形印记，是否就是当时某个活跃在从神木到绥德数百里地域内的知名匠师或石工作坊的标识，也是我们探索诸如区域性艺术和不同工匠的技术水平、传统特色的实物依据。

榆林地区画像石产生、盛行的时代背景（包括政治、经济、文化、观念和习俗），与其他地区画像石的源流关系、地域性差异，制作画像石的匠师、石工的组合及流派，使用格套模本的制作习惯、地域习惯和流行风气等因素所起的作用，同一题材的单元在画像石中的应用、同一题材的画像石在墓室设放的位置，特定区域不同时期的画像题材、技法和风格变化，等等，都是有待进一步追索的课题。

《汉画总录》1—10卷采用数据库方式著录目前所能收集到的画像石的原石照、拓片和线描图，编辑时不对所见材料做任何刻意诠释，而是作为对榆林地区画像石进行整体性观察和研究的较为全面的基础样本。

《汉画总录》编辑部

编号	SSX-SD-153-19
时代	东汉
原收藏号	2482-354
出土地	张家砭乡黄家塔
原石尺寸	105×24×6
画面尺寸	91×11
质地	砂岩
原石情况	原石下段断为五块。正面、背面平整，下侧面为断面，上侧面平整，左、右侧面呈毛石状。
所属墓群	黄家塔 M9
组合关系	中柱石，与横楣石，左、右边柱，左、右门柱为墓室前室南壁六石组合。
画面简述	中为一柱，上有三层斗栱。自上而下柱左右各有一朱雀对飞；左有白虎、右有青龙；左右二人蛇身，左者二手执尺、规状物，右者持物不明；左、右各有九头人面兽；左有白虎、右有青龙；左、右各有一羽人捧瑞草。
著录与文献	李林、康兰英、赵力光：《陕北汉代画像石》，西安：陕西人民出版社，1995 年，图 398。
出土/征集时间	1984 年出土
收藏地	绥德县博物馆

编号	SSX-SD-153-20
时代	东汉
原收藏号	2480-352
出土地	张家砭乡黄家塔
原石尺寸	262×43×6
画面尺寸	246×27
质地	砂岩
原石情况	原石断为三块。正面平整；下侧面平整，凿斜纹；上、左、右侧面呈毛石状。
所属墓群	黄家塔 M9
组合关系	横楣石，与左、右边柱为墓室前室西壁三石组合。
画面简述	画面分为上、下两栏。上栏为卷云纹。下栏左起两骑史执弓前行。一猎手张满弓追射奔逃的鹿、兔、狐，苍鹰欲啄一兔。猎手身后又是一群拼命奔走的猎物，有兔、狐、野山羊、鹿、惊飞之鸟、苍鹰踏兔，还有一人走马扶鹰。接着三猎手围射两虎，一虎木然呆立，一虎惊厥。下格为狩猎图。在猎人的前后夹攻下，鹿、兔子、狐、白雉、山羊、虎等四处逃窜。
著录与文献	李林、康兰英、赵力光：《陕北汉代画像石》，西安：陕西人民出版社，1995年，图396；绥德汉画像石展览馆编，李贵龙、王建勤主编：《绥德汉代画像石》，西安：陕西人民美术出版社，2001年，108页，图59；曹世玉总编：《绥德文库——汉画像石卷》，北京：中国文史出版社，2004年，78页，图36。
出土/征集时间	1984 年出土
收藏地	绥德县博物馆

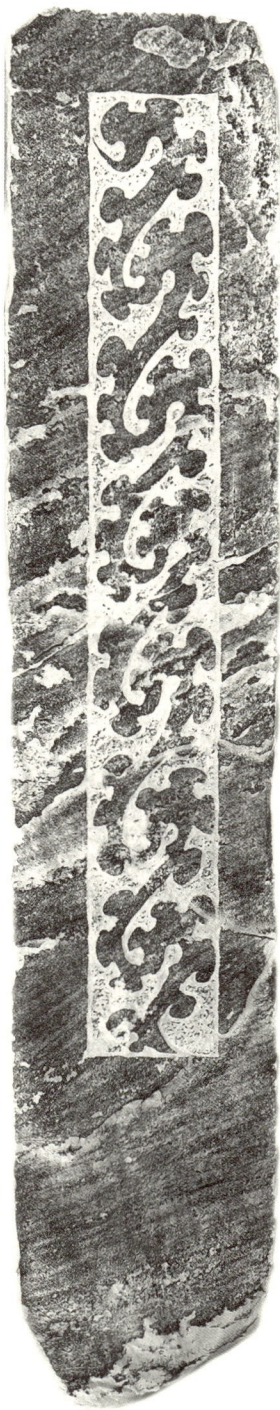

编号	SSX-SD-153-22
时代	东汉
原收藏号	2479-351
出土地	张家砭乡黄家塔
原石尺寸	141×24×8
画面尺寸	88×12
质地	砂岩
原石情况	正面、背面平整，上、下、左、右侧面呈毛石状。
所属墓群	黄家塔 M9
组合关系	右边柱，与横楣石、左边柱为墓室前室西壁三石组合。
画面简述	卷云纹。
著录与文献	曹世玉总编：《绥德文库——汉画像石卷》，北京：中国文史出版社，2004 年，300 页，图 261。
出土/征集时间	1984 年出土
收藏地	绥德县博物馆

编号　　　　SSX-SD-155-01

时代　　　　东汉

原收藏号　　2483-355

出土地　　　张家砭乡黄家塔

原石尺寸　　184×31×6

画面尺寸　　138×26

质地　　　　砂岩

原石情况　　原石断为两块。正面、背面平整，局部凿斜纹；上侧面靠正面处平整，凿斜纹，靠背面处呈毛石状；下侧面平整；左、右侧面均呈毛石状。

所属墓群　　黄家塔 M11

组合关系　　门楣石，与左、右门柱，左、右门扉为墓门面五石组合。

画面简述　　画面为卷云鸟兽纹。卷云中穿捅朱鸟、长尾鸟、白雉、仙鹿、丹凤、翼虎呼啸，羽人持节。

著录与文献　李林、康兰英、赵力光：《陕北汉代画像石》，西安：陕西人民美术出版社，1995年，图399；绥德汉画像石展览馆编，李贵龙、王建勤主编：《绥德汉代画像石》，西安：陕西人民出版社，2001年，43页，图17；曹世玉总编：《绥德文库——汉画像石卷》，北京：中国文史出版社，2004年，158页，图103。

出土/征集时间　1984年出土

收藏地　　　绥德县博物馆

编号	SSX-SD-155-02
时代	东汉
原收藏号	2484-356
出土地	张家砭乡黄家塔
原石尺寸	127×32×4
画面尺寸	98×23
质地	砂岩
原石情况	原石断为两截。正面、背面、上侧面平整；下侧面呈毛石状；左侧面靠正面1厘米处平整，凿斜纹，靠背面处呈毛石状；右侧面平整，凿斜纹。
所属墓群	黄家塔 M11
组合关系	左门柱，与门楣石，右门柱，左、右门扉为墓门面五石组合。
画面简述	画面分为上、下两格。上格为卷云纹鸟兽，卷云中有飞鸟、狐、翼虎、射猎怪兽、兔。下格为牛头巨尾神兽与一小兽。
著录与文献	绥德汉画像石展览馆编，李贵龙、王建勤主编：《绥德汉代画像石》，西安：陕西人民美术出版社，2001年，43页，图17；曹世玉总编：《绥德文库——汉画像石卷》，北京：中国文史出版社，2004年，158页，图104。
出土/征集时间	1984 年出土
收藏地	绥德县博物馆

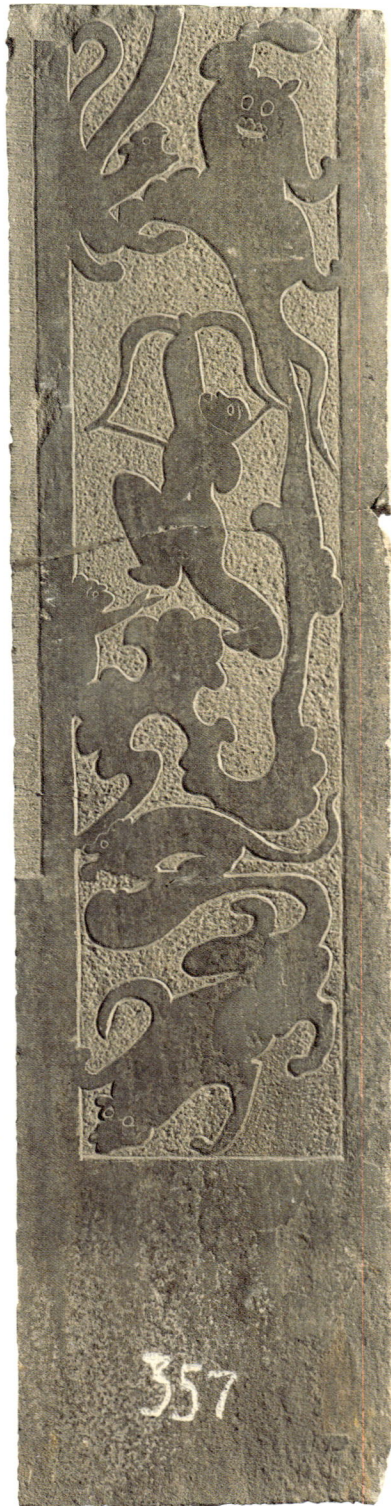

357

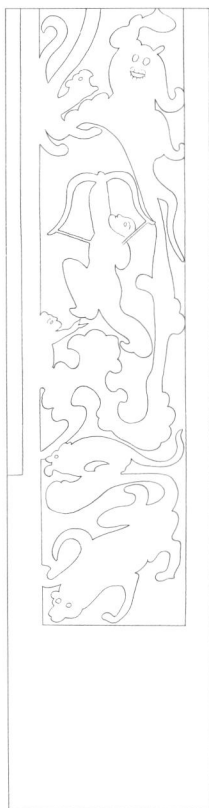

编号	SSX-SD-155-03
时代	东汉
原收藏号	2485-357
出土地	张家砭乡黄家塔
原石尺寸	128×32×5
画面尺寸	99×22
质地	砂岩
原石情况	正面、背面、上侧面、下侧面平整；左、右侧面靠正面部分凿斜纹，靠背面部分呈毛石状。
所属墓群	黄家塔 M11
组合关系	右门柱，与门楣石，左门柱，左、右门扉为墓门面五石组合。
画面简述	画面上部一兽从边栏扑出，向着执瓢状物的猿张口。中部一猎人挽弓向上瞄射。脚下一人从边栏而出，伸手仰视。下有两怪兽。人、兽的眼睛阴线刻画。画面的空间有卷云飘绕。
著录与文献	李林、康兰英、赵力光：《陕北汉代画像石》，西安：陕西人民出版社，1995年，图401；绥德汉画像石展览馆编，李贵龙、王建勤主编：《绥德汉代画像石》，西安：陕西人民美术出版社，2001年，43页，图17;曹世玉总编：《绥德文库——汉画像石卷》，北京：中国文史出版社，2004年，159页，图107。
出土/征集时间	1984年出土
收藏地	绥德县博物馆

编号	SSX-SD-155-04
时代	东汉
原收藏号	2486-358
出土地	张家砭乡黄家塔
原石尺寸	114×50×5
画面尺寸	83×31
质地	砂岩

原石情况　正面平整；背面平整，凿粗斜纹；上侧面靠正面3厘米处凿斜纹，靠背面处呈毛石状；下侧面靠正面处平整凿斜纹，靠背面处呈毛石状；左侧面靠正面3厘米处平整，凿斜纹，靠背面处呈毛石状；右侧面平整，凿直纹，呈马蹄面。

所属墓群　黄家塔 M11

组合关系　左门扉，与门楣石，左、右门柱，右门扉为墓门面五石组合。

画面简述　朱雀、铺首、翼虎。朱雀口内含丹。朱雀、铺首的眼睛阴线刻画。

著录与文献　李林、康兰英、赵力光：《陕北汉代画像石》，西安：陕西人民出版社，1995年，图400；绥德汉画像石展览馆编，李贵龙、王建勤主编：《绥德汉代画像石》，西安：陕西人民美术出版社，2001年，43页，图17；曹世玉总编：《绥德文库——汉画像石卷》，北京：中国文史出版社，2004年，158页，图105。

出土/征集时间　1984年出土

收藏地　绥德县博物馆

358

<table>
<tr><td>编号</td><td>SSX-SD-155-05</td></tr>
<tr><td>时代</td><td>东汉</td></tr>
<tr><td>原收藏号</td><td>2487-359</td></tr>
<tr><td>出土地</td><td>张家砭乡黄家塔</td></tr>
<tr><td>原石尺寸</td><td>112×46×5</td></tr>
<tr><td>画面尺寸</td><td>83×29</td></tr>
<tr><td>质地</td><td>砂岩</td></tr>
<tr><td>原石情况</td><td>正面、背面平整，局部凿粗斜纹；上侧面靠正面处平整，凿斜纹，靠背面处呈毛石状；下侧面靠正面处平整，凿斜纹，靠背面处呈毛石状；左侧面平整，凿直纹，向后外侧倾斜；右面刻斜纹。</td></tr>
<tr><td>所属墓群</td><td>黄家塔 M11</td></tr>
<tr><td>组合关系</td><td>右门扉，与门楣石，左、右门柱，左门扉为墓门面五石组合。</td></tr>
<tr><td>画面简述</td><td>朱雀、铺首、翼龙。朱雀口内含丹。朱雀、铺首的眼睛阴线刻画。</td></tr>
<tr><td>著录与文献</td><td>绥德汉画像石展览馆编，李贵龙、王建勤主编：《绥德汉代画像石》，西安：陕西人民美术出版社，2001年，43页，图17；曹世玉总编：《绥德文库——汉画像石卷》，北京：中国文史出版社，2004年，159页，图106。</td></tr>
<tr><td>出土/征集时间</td><td>1984年出土</td></tr>
<tr><td>收藏地</td><td>绥德县博物馆</td></tr>
</table>

编号	SSX-SD-156
时代	东汉
原收藏号	2360-232
出土地	张家砭乡黄家塔
原石尺寸	85×39×4
画面尺寸	85×34
质地	砂岩
原石情况	原石左、右段残佚。正面、背面、下侧面平整；上侧面平整，有粗糙的凿痕；左、右侧面为断面。
所属墓群	不详
组合关系	不详
画面简述	画面分为上、中、下三栏。上栏为忍冬纹。中栏为狩猎图。两猎手张弓追射、翼龙、三足乌、朱雀。下栏为三轺车行进，后一骑吏随行。
著录与文献	绥德汉画像石展览馆编，李贵龙、王建勤主编：《绥德汉代画像石》，西安：陕西人民美术出版社，2001年，123页，图66；曹世玉总编：《绥德文库——汉画像石卷》，北京：中国文史出版社，2004年，314页，图282。
出土/征集时间	1983年征集
收藏地	绥德县博物馆

编号	SSX-SD-157
时代	东汉
原收藏号	2340-212
出土地	张家砭乡黄家塔
原石尺寸	156×35
画面尺寸	135×26
质地	砂岩
原石情况	原石右上段残损。正面、背面平整；上侧面呈毛毛状；下侧面平整，留斜纹；左侧面平整，右侧面为断面。
所属墓群	不详
组合关系	不详
画面简述	画面分为上、下两栏。上栏为卷云纹，下栏为牛马行进图。六辆轺车奔驰，除第五辆车奔驰。作驭马状。乘坐者均头戴进贤冠，着袍。其他驭手均戴帻伸臂除第五辆车的驭手外，
著录与文献	李林、康兰英、赵力光：《陕北汉代画像石》，西安：陕西人民出版社，1995年，图365；绥德汉画像石展览馆编，李贵龙、王建勤主编：《绥德汉代画像石》，西安：陕西人民美术出版社，2001年，118页，图64；曹世玉总编：《绥德文库·汉画像石卷》，北京：中国文史出版社，2004年，296页，图257。
出土/征集时间	1983年征集
收藏地	绥德县博物馆

36

编号　SSX-SD-159

时代　东汉

原收藏号　2356-228

出土地　张家砭乡黄家塔

原石尺寸　178×39×8

画面尺寸　138×35

质地　砂岩

原石情况　正面、背面平整；上侧面平整，凿斜纹；下侧面平整，凿人字纹；左、右侧面呈毛石状。

所属墓群　不详

组合关系　不详

画面简述　画面分为内、外两栏。外栏为忍冬纹，左、右两端阴刻一圆形，象征日、月。内栏分上、下两栏。上栏为灵禽瑞兽图。下栏为车骑行进图。两辆轺车前后有四名徒手随行。羽人持瑞草向麒麟，独角有翼犀牛形兽，牵向瑞草向未雀；下栏为车骑行进图。两辆轺车前后有四名徒手随行。羽人持瑞端

著录与文献　李贵龙、王建勤主编：《绥德汉画像石》，西安：陕西人民美术出版社，2001年，118页，图64。

出土/征集时间　1984年征集

收藏地　绥德县博物馆

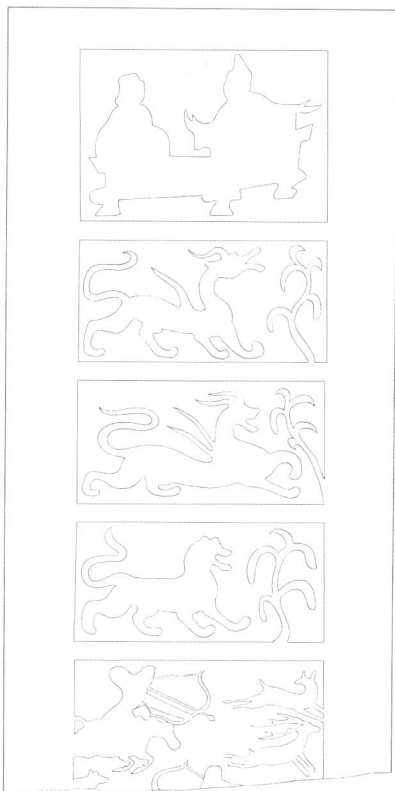

编　号	SSX-SD-163
时　代	东汉
原收藏号	不详
出土地	张家砭乡五里店
原石尺寸	79×39
画面尺寸	不详
质　地	砂岩
原石情况	正面平整，其余侧面不详。
所属墓群	不详
组合关系	不详
画面简述	画面自上而下分为五格。第一格：两人对坐于榻上，居左者头梳圆髻，似为女性，面右端坐。居右者戴进贤冠，着袍，面左而坐，平伸双手做讲述状。第二、三格：翼龙与瑞草。第四格：虎与瑞草。第五格：狩猎图。一猎手张弓追射奔逃的鹿、兔。
著录与文献	陕西省博物馆、陕西省文物管理委员会合编：《陕北东汉画像石刻选集》，北京：文物出版社，1959 年，112 页，图 116；李林、康兰英、赵力光：《陕北汉代画像石》，西安：陕西人民出版社，1995 年，图 533；曹世玉总编：《绥德文库——汉画像石卷》，北京：中国文史出版社，2004 年，473 页，图 433；
出土/征集时间	1957 年征集
收藏地	陕西碑林博物馆

编号	SSX-SD-164
时代	东汉
原收藏号	不详
出土地	张家砭乡五里店
原石尺寸	112×38
画面尺寸	不详
质地	砂岩
原石情况	正面平整。
所属墓群	不详
组合关系	不详
画面简述	画面分为上、下两格。上格分为内、外两栏。外栏为卷云鸟兽纹，卷云间穿插虎、立鸟、龙，羽人手按一虎、熊。内栏上为西王母头戴胜仗，端坐于神树之巅，左、右有羽人、玉兔跪侍。树干间有狐、鹿、瑞草。下一门吏戴平巾帻，着长襦大袴，拥彗面门而立。下格为一辆牛车缓慢行进，驭手袖手坐于车前。
著录与文献	李林、康兰英、赵力光：《陕北汉代画像石》，西安：陕西人民出版社，1995年，图539；曹世玉总编：《绥德文库——汉画像石卷》，北京：中国文史出版社，2004年，475页，图435。
出土/征集时间	1957年征集
收藏地	西安碑林博物馆

编号 SSX-SD-168-01

时代 东汉 永元十五年（公元 103 年）

原收藏号 不详

出土地 张家砭乡五里店

原石尺寸 150×37

画面尺寸 不详

质地 砂岩

原石情况 正面平整。

所属墓群 郭稚文墓

组合关系 左边柱，与右边柱为二石组合。

画面简述 画面分为上、下两格。上格分为内、外两栏。外栏篆体阳刻"永元十五年三月十九日造作居"。下格一株枝叶繁茂的三株树干上置一马槽，一马立于槽前。

著录与文献 陕西省博物馆、陕西省文物管理委员会合编：《陕北东汉画像石刻选集》，北京：文物出版社，1959 年，82 页，图 74；李林、康兰英、赵力光：《陕北汉代画像石》，西安：陕西人民出版社，1995 年，图 492；绥德汉画像石展览馆编，李贵龙、王建勤主编：《绥德汉代画像石》，西安：陕西人民美术出版社，2001 年，153 页，图 84；曹世玉总编：《绥德文库——汉画像石卷》，北京：中国文史出版社，2004 年，392 页，图 358。

出土/征集时间 1957 年征集

收藏地 西安碑林博物馆

编号	SSX-SD-168-02
时代	东汉
原收藏号	不详
出土地	张家砭乡五里店
原石尺寸	145×37
画面尺寸	不详
质地	砂岩
原石情况	正面平整。
所属墓群	郭稚文墓
组合关系	右边柱，与左边柱为二石组合。
画面简述	画面分为上、下两格。上格分为内、外两栏。外栏篆体阳刻"圜阳西乡榆里郭稚文万岁室宅"；内栏为卷云纹。下格一株枝叶繁茂的树干上置一马槽，一马立于槽前。
著录与文献	陕西省博物馆、陕西省文物管理委员会合编：《陕北东汉画像石刻选集》，北京：文物出版社，1959 年，83 页，图 75；李林、康兰英、赵力光：《陕北汉代画像石》，西安：陕西人民出版社，1995 年，图 493；绥德汉画像石展览馆编，李贵龙、王建勤主编：《绥德汉代画像石》，西安：陕西人民美术出版社，2001 年，153 页，图 84；曹世玉总编：《绥德文库——汉画像石卷》，北京：中国文史出版社，2004 年，392 页，图 359。
出土/征集时间	1957 年征集
收藏地	西安碑林博物馆

编号	SSX-SD-169
时代	东汉
原收藏号	2335-207
出土地	张家砭乡五里店
原石尺寸	315×14×11
画面尺寸	315×8
质地	砂岩
原石情况	原石下段残佚。正面、背面平整，上侧面呈毛石状，下侧面为断面，左、右侧面均呈毛石状。
所属墓群	不详
组合关系	不详
画面简述	卷云鸟兽纹。
著录与文献	李林、康兰英、赵力光：《陕北汉代画像石》，西安：陕西人民出版社，1995年，图497。
出土/征集时间	1975年出土，1985年征集
收藏地	绥德县博物馆

SSX-SD-169-01 (局部)

编号	SSX-SD-171-01
时代	东汉
原收藏号	不详
出土地	张家砭乡
原石尺寸	127×116
画面尺寸	不详
质地	砂岩
原石情况	正面平整。
所属墓群	不详
组合关系	左门柱，与右门柱为二石组合。
画面简述	画面分左、中、右三栏。左、右两栏为边饰，刻画卷云纹。中栏为卷云鸟兽纹，卷云纹内穿插喜鹊、怪兽、朱雀。
著录与文献	陕西省博物馆、陕西省文物管理委员会合编：《陕北东汉画像石刻选集》，北京：文物出版社，1959年，85页，图77；李林、康兰英、赵力光：《陕北汉代画像石》，西安：陕西人民出版社，1995年，图568；汤池：《中国画像石全集5：陕西、山西汉画像石》，济南：山东美术出版社，2000年，图138；绥德汉画像石展览馆编，李贵龙、王建勤主编：《绥德汉代画像石》，西安：陕西人民美术出版社，2001年，195页，图126；曹世玉总编：《绥德文库——汉画像石卷》，北京：中国文史出版社，2004年，433页，图393。
出土/征集时间	1957年征集
收藏地	西安碑林博物馆

编号	SSX-SD-171-02
时代	东汉
原收藏号	不详
出土地	张家砭乡
原石尺寸	132×114
画面尺寸	不详
质地	砂岩
原石情况	正面平整。
所属墓群	不详
组合关系	右门柱，与左门柱为二石组合。
画面简述	画面分为左、右两栏。右栏为卷云鸟兽纹。左栏为卷云人物鸟兽图，有执彗门吏、张弓的猎手、奔腾的虎、倒卧的兽、飞翔的鸟、伫立的鸟等。
著录与文献	陕西省博物馆、陕西省文物管理委员会合编：《陕北东汉画像石刻选集》，北京：文物出版社，1959年，84页，图76；李林、康兰英、赵力光：《陕北汉代画像石》，西安：陕西人民出版社，1995年，图569；汤池：《中国画像石全集5：陕西、山西汉画像石》，济南：山东美术出版社，2000年，图137；绥德汉画像石展览馆编，李贵龙、王建勤主编：《绥德汉代画像石》，西安：陕西人民美术出版社，2001年，194页，图125；曹世玉总编：《绥德文库——汉画像石卷》，北京：中国文史出版社，2004年，432页，图392。
出土/征集时间	1957年征集
收藏地	西安碑林博物馆

编号	SSX-SD-172
时代	东汉
原收藏号	不详
出土地	张家砭乡
原石尺寸	141×38
画面尺寸	不详
质地	砂岩
原石情况	正面平整。
所属墓群	不详
组合关系	不详
画面简述	画面自上而下分为五格。分别为轺车、屏车、轺车、持戟、执弓骑吏；枝繁叶茂的树下两人戴冠着袍，弯腰恭拜。
著录与文献	陕西省博物馆、陕西省文物管理委员会合编：《陕北东汉画像石刻选集》，北京：文物出版社，1959 年，101 页，图 98；李林、康兰英、赵力光：《陕北汉代画像石》，西安：陕西人民出版社，1995 年，图 536；曹世玉总编：《绥德文库——汉画像石卷》，北京：中国文史出版社，2004 年，446 页，图 408。
出土/征集时间	1957 年征集
收藏地	西安碑林博物馆

编号	SSX-SD-173-01
时代	东汉
原收藏号	2293-165
出土地	张家砭乡
原石尺寸	134×36×7
画面尺寸	96×29
质地	砂岩
原石情况	正面、背面、上侧面平整；下侧面呈毛石状；左、右侧面平整，凿人字纹。
所属墓群	不详
组合关系	左门柱，与右门柱为二石组合。
画面简述	画面分为上、下两格。上格分为内、外两栏。外栏为卷云鸟兽纹。下端一羽人托举云头站立，卷云间穿插两只狐；内栏上为牛首人身神侧坐于神树之巅，左、右有瑞草生长。树干间有回首粗尾上扬的狐、缩颈站立的鸟。下为一门吏头戴平巾帻，着长襦大袴，拥彗面门而立。下格为枝叶茂盛的树干上安置马槽，一马拴在树干上，伫立于马槽前。图中鸟兽、人物的眼睛均阴线刻画。
著录与文献	李林、康兰英、赵力光：《陕北汉代画像石》，西安：陕西人民出版社，1995年，图520；汤池：《中国画像石全集5：陕西、山西汉画像石》，济南：山东美术出版社，2000年，图131；绥德汉画像石展览馆编，李贵龙、王建勤主编：《绥德汉代画像石》，西安：陕西人民美术出版社，2001年，168页，图99；曹世玉总编：《绥德文库——汉画像石卷》，北京：中国文史出版社，2004年，274页，图234。
出土/征集时间	1976年征集
收藏地	绥德县博物馆

编号	SSX-SD-173-02
时代	东汉
原收藏号	2294-166
出土地	张家砭乡
原石尺寸	137×36
画面尺寸	94×27
质地	砂岩
原石情况	正面、背面、上侧面、左侧面、右侧面平整，下侧面呈毛石状。
所属墓群	不详
组合关系	右门柱，与左门柱为二石组合。
画面简述	画面分为上、下两格。上格分为内、外两栏。外栏为卷云鸟兽纹。下端一羽人（身手异向？）托举云头站立，卷云间穿插鹿、仙鹤、猿（人？）。内栏上为鸡首人身神侧坐于神树之巅，左、右有瑞草生长。树干间有狐、鸟。下为一门吏戴冠着袍捧简牍躬身面门而立。下格为玄武。图中鸟兽、人物的眼睛均阴线刻画。
著录与文献	李林、康兰英、赵力光：《陕北汉代画像石》，西安：陕西人民出版社，1995年，图521；汤池：《中国画像石全集5：陕西、山西汉画像石》，济南：山东美术出版社，2000年，图132；绥德汉画像石展览馆编，李贵龙、王建勤主编：《绥德汉代画像石》，西安：陕西人民美术出版社，2001年，168页，图99；曹世玉总编：《绥德文库——汉画像石卷》，北京：中国文史出版社，2004年，274页，图235。
出土/征集时间	1976年征集
收藏地	绥德县博物馆

编号	SSX-SD-174-01
时代	东汉
原收藏号	2295-167
出土地	张家砭乡
原石尺寸	123×52×8
画面尺寸	93×32
质地	砂岩
原石情况	正面、背面平整；上侧面凿斜纹；下侧面平整，凿斜纹；左侧面平整，凿斜纹；右侧面平整，凿直纹，呈马蹄面。
所属墓群	不详
组合关系	左门扉，与右门扉为墓门面二石组合。
画面简述	朱雀、铺首、青龙。朱雀口内含丹。朱雀、龙的眼，铺首的眼、眉、鼻阴线刻画，口腔内阴刻。
著录与文献	李林、康兰英、赵力光：《陕北汉代画像石》，西安：陕西人民出版社，1995 年，图 598；绥德汉画像石展览馆编，李贵龙、王建勤主编：《绥德汉代画像石》，西安：陕西人民美术出版社，2001 年，102 页，图 49；曹世玉总编：《绥德文库——汉画像石卷》，北京：中国文史出版社，2004 年，319 页，图 285。
出土/征集时间	1976 年征集
收藏地	绥德县博物馆

编号	SSX-SD-174-02
时代	东汉
原收藏号	2296-168
出土地	张家砭乡
原石尺寸	125×49×8
画面尺寸	98×34
质地	砂岩
原石情况	正面、背面平整；上侧面平整，靠正面处部分凿斜纹，靠背面处呈毛石状；下侧面平整，凿人字纹；左侧面平整，凿垂直于正面的直纹；右侧面平整，靠正面处凿斜纹，靠背面处呈毛石状。
所属墓群	不详
组合关系	右门扉，与左门扉为墓门面二石组合。
画面简述	朱雀、铺首、虎。朱雀口内含丹。朱雀、虎的眼，铺首的眼、眉、鼻阴线刻画，口腔内阴刻。
著录与文献	李林、康兰英、赵力光：《陕北汉代画像石》，西安：陕西人民出版社，1995 年，图 608；绥德汉画像石展览馆编，李贵龙、王建勤主编：《绥德汉代画像石》，西安：陕西人民美术出版社，2001 年，102 页，图 49；曹世玉总编：《绥德文库——汉画像石卷》，北京：中国文史出版社，2004 年，319 页，图 286。
出土/征集时间	1976 年征集
收藏地	绥德县博物馆

编号	SSX-SD-175-01
时代	东汉
原收藏号	2171-43
出土地	张家硷乡
原石尺寸	195×48×8
画面尺寸	86×43
质地	砂岩
原石情况	正面、背面、下侧面平整，上、左、右侧面呈毛石状。
所属墓群	不详
组合关系	门楣石，与左、右门柱、左、右门扉为墓门面五石组合。
画面简述	画面正中伫立一盆羊角羊，以它为中轴，左、右图像对称排布。上部分别为日、月，羽人骑鹿；牵马下部为朱鹭衔鱼，博山炉、飞鸟、立鸟。朴白卷云。动物的眼睛、羽人的衣纹均以阴线刻画。
著录文献	李林、康兰英、赵力光：《陕北汉代画像石》，西安：陕西人民出版社，1995年，图317；汤池：《中国画像石全集5：陕西、山西汉画像石》，济南：山东美术出版社，2000年，图117；绥德汉画像石展览馆编，李贵龙、王建勤主编：《绥德汉代画像石》，西安：陕西人民美术出版社，2001年，27页，图8；曹世玉总编：《绥德文库——汉画像石卷》，北京：中国文史出版社，2004年，48页，图10。
出土/征集时间	1981年征集
收藏地	绥德县博物馆

编号	SSX-SD-175-02
时代	东汉
原收藏号	2172-44
出土地	张家砭乡
原石尺寸	120×37×6
画面尺寸	117×31
质地	砂岩
原石情况	正面、背面平整；左侧面平整，凿斜纹；上、下、右侧面平整。
所属墓群	不详
组合关系	左门柱，与门楣石，右门柱，左、右门扉为墓门面五石组合。
画面简述	上为人身蛇尾的伏羲，下一门吏戴通天冠，着袍，捧牍面门站立。旁边有一鱼。伏羲、门吏的五官均以阴线刻画。
著录与文献	李林、康兰英、赵力光：《陕北汉代画像石》，西安：陕西人民出版社，1995年，图318;汤池：《中国画像石全集5:陕西、山西汉画像石》，济南:山东美术出版社，2000年，图117；绥德汉画像石展览馆编，李贵龙、王建勤主编：《绥德汉代画像石》，西安：陕西人民美术出版社，2001年，27页，图8;曹世玉总编：《绥德文库——汉画像石卷》，北京：中国文史出版社，2004年，48页，图11。
出土/征集时间	1981年征集
收藏地	绥德县博物馆

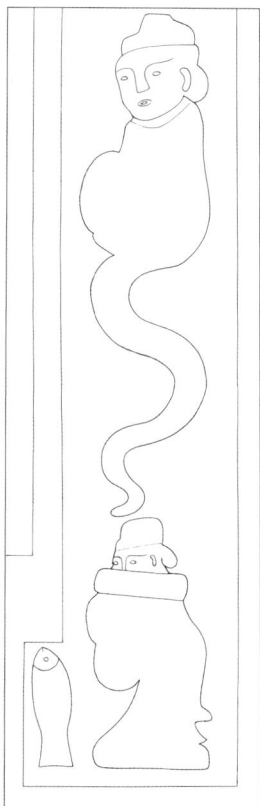

编号	SSX-SD-175-03
时代	东汉
原收藏号	2173-45
出土地	张家砭乡
原石尺寸	121×38×8
画面尺寸	117×32
质地	砂岩
原石情况	正面、背面、上侧面、左侧面平整，下、右侧面呈毛石状。
所属墓群	不详
组合关系	右门柱，与门楣石，左门柱，左、右门扉为墓门面五石组合。
画面简述	上为人身蛇尾的女娲，下一门吏戴冠肩扛一长方形物体面门站立。旁边有一鱼。女娲、门吏的五官均以阴线刻画。
著录与文献	李林、康兰英、赵力光：《陕北汉代画像石》，西安：陕西人民出版社，1995年，图321；汤池：《中国画像石全集5：陕西、山西汉画像石》，济南：山东美术出版社，2000年，图118；绥德汉画像石展览馆编，李贵龙、王建勤主编：《绥德汉代画像石》，西安：陕西人民美术出版社，2001年，27页，图8；曹世玉总编：《绥德文库——汉画像石卷》，北京：中国文史出版社，2004年，49页，图14。
出土/征集时间	1981年征集
收藏地	绥德县博物馆

编　号	SSX-SD-175-04
时　代	东汉
原收藏号	2174-46
出土地	张家砭乡
原石尺寸	124×47×5
画面尺寸	106×34
质　地	砂岩
原石情况	正面、背面平整；上、下侧面呈毛石面；左侧面呈毛石状；右侧面平整，呈马蹄面。
所属墓群	不详
组合关系	左门扉，与门楣石、左、右门柱、右门扉为墓门面五石组合。
画面简述	朱雀、铺首、翼虎。朱雀、翼虎的眼睛、铺首的牙齿均以阴线刻画，铺首的眼眶、鼻采用晕刻手法刻画。
著录与文献	李林、康兰英、赵力光：《陕北汉代画像石》，西安：陕西人民出版社，1995年，图319；汤池：《中国画像石全集5：陕西、山西汉画像石》，济南：山东美术出版社，2000年，图115；绥德汉画像石展览馆编，李贵龙、王建勤主编：《绥德汉代画像石》，西安：陕西人民美术出版社，2001年，27页，图8；曹世玉总编：《绥德文库——汉画像石卷》，北京：中国文史出版社，2004年，48页，图12。
出土/征集时间	1981年征集
收藏地	绥德县博物馆

编号	SSX-SD-175-05
时代	东汉
原收藏号	2175-47
出土地	张家砭乡
原石尺寸	124×49×4
画面尺寸	107×35
质地	砂岩
原石情况	正面、背面平整；上、下、右侧面呈毛石状；左侧面平整，呈马蹄面。
所属墓群	不详
组合关系	右门扉，与门楣石、左、右门柱，左门扉为墓门面五石组合。
画面简述	朱雀、铺首、翼龙。朱雀、翼龙的眼睛、铺首的牙齿均以阴线刻画，铺首的眼眶、鼻采用晕刻手法刻画。
著录与文献	李林、康兰英、赵力光：《陕北汉代画像石》，西安：陕西人民出版社，1995 年，图 320；汤池：《中国画像石全集 5：陕西、山西汉画像石》，济南：山东美术出版社，2000 年，图 116；绥德汉画像石展览馆编，李贵龙、王建勤主编：《绥德汉代画像石》，西安：陕西人民美术出版社，2001 年，27 页，图 8；曹世玉总编：《绥德文库——汉画像石卷》，北京：中国文史出版社，2004 年，49 页，图 13。
出土/征集时间	1981 年征集
收藏地	绥德县博物馆

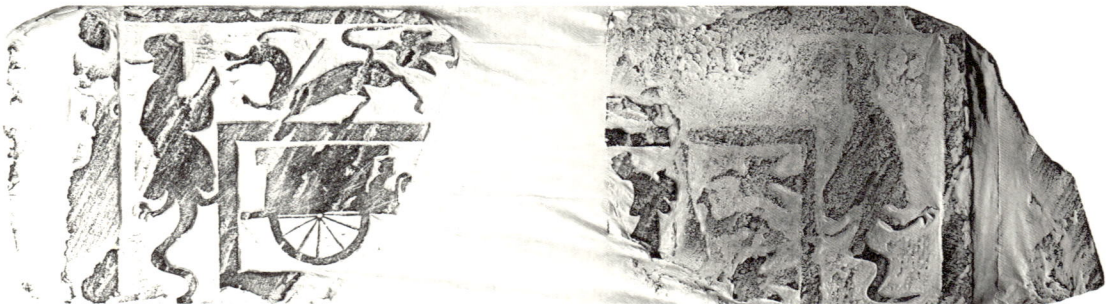

编号	SSX-SD-176-01
时代	东汉
原收藏号	2393-265
出土地	中角乡白家山
原石尺寸	130（残实长 112）×37×5
画面尺寸	78×33
质地	砂岩
原石情况	原石残佚大部，仅余两残块。正面、背面、下侧面平整；上侧面呈毛石状；左、右侧面呈毛石状。
所属墓群	白家山 M1
组合关系	门楣石，与左、右门柱，左、右门扉为墓门面五石组合。
画面简述	原石中部大段残失。残留段可看出画面分为内、外两栏。外栏左、右两边为人身蛇尾的伏羲、女娲，中间残留青龙、朱雀。内栏残留辇车、人物。
著录与文献	绥德汉画像石展览馆编，李贵龙、王建勤主编：《绥德汉代画像石》，西安：陕西人民美术出版社，2001 年，119 页，图 64；曹世玉总编：《绥德文库——汉画像石卷》，北京：中国文史出版社，2004 年，287 页，图 246。
出土/征集时间	1998 年征集
收藏地	绥德县博物馆

266

编号	SSX-SD-176-02
时代	东汉
原收藏号	2394-266
出土地	中角乡白家山
原石尺寸	129×37×6
画面尺寸	91×29
质地	砂岩
原石情况	正面、上侧面平整；下、左侧面呈毛石状；右侧面平整，凿人字纹。
所属墓群	白家山 M1
组合关系	左门柱，与门楣石，右门柱，左、右门扉为墓门面五石组合。
画面简述	画面分为内、外两栏。外栏分上、下两格。上格为西王母头戴胜仗端坐，左、右有仙人跪侍；下格为两组 8 形纹，外边饰卷云，内分别填刻鸟首和梳发髻的妇人首。中部为二蛇交尾，亦呈不规则的 8 字形。内栏自上而下分为三格。上格为东王公头戴王冠端坐，左右有玉兔、羽人跪伺。中格为神树，树干间有狐、鹿、飞鸟、瑞草。下格为一门吏带帻巾，着长襦灯笼裤，拥彗面门站立。
著录与文献	绥德汉画像石展览馆编，李贵龙、王建勤主编：《绥德汉代画像石》，西安：陕西人民美术出版社，2001 年，151 页，图 82；曹世玉总编：《绥德文库——汉画像石卷》，北京：中国文史出版社，2004 年，203 页，图 159。
出土/征集时间	1998 年征集
收藏地	绥德县博物馆

267

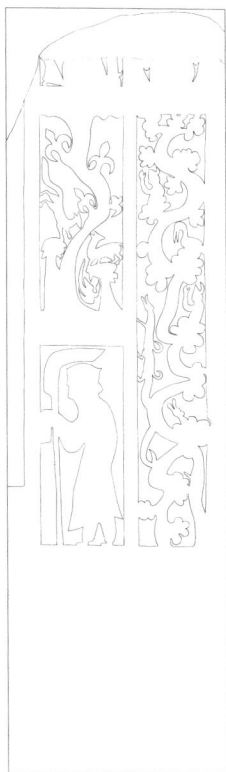

编号	SSX-SD-176-03
时代	东汉
原收藏号	2395-267
出土地	中角乡白家山
原石尺寸	132×39×7
画面尺寸	85×28
质地	砂岩
原石情况	原石上、下端有残损。正面、背面平整；上侧面平整，凿斜纹；下、右侧面呈毛石状；左侧面平整，凿人字纹。
所属墓群	不详
组合关系	右门柱，与门楣石，左门柱，左、右门扉为墓门面五石组合。
画面简述	画面分为内、外两栏。外栏分上、下两格。上格石面剥蚀，从残留痕迹看，为西王母（或东王公）；下格为卷云纹，卷云内填刻羽人招手、鸟、怪兽、龙。内栏自上而下分为三格。上格石面剥蚀，从残留痕迹看，为西王母（或东王公）。中格为神树，树干间有狐、鹿、飞鸟、瑞草。下格为一门吏带帻巾，着长襦灯笼裤，拥彗面门站立。
著录与文献	绥德汉画像石展览馆编，李贵龙、王建勤主编：《绥德汉代画像石》，西安：陕西人民美术出版社，2001年，151页，图82；曹世玉总编：《绥德文库——汉画像石卷》，北京：中国文史出版社，2004年，203页，图160。
出土/征集时间	1998年征集
收藏地	绥德县博物馆

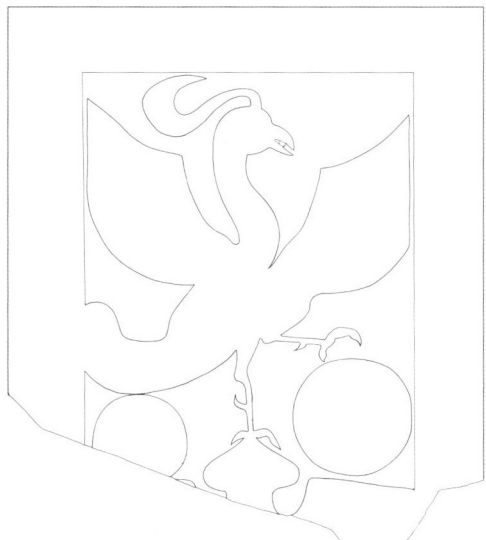

编号	SSX-SD-176-04
时代	东汉
原收藏号	2396-268
出土地	中角乡白家山
原石尺寸	57×47×4
画面尺寸	49×32
质地	砂岩
原石情况	原石下段残佚。正面、背面平整；上侧面平整，凿粗糙的斜纹；下侧面为断面；左侧面呈毛石状；右侧面平整，有凿痕。
所属墓群	白家山 M1
组合关系	左门扉，与门楣石、左、右门柱，右门扉为墓门面五石组合。
画面简述	原石下段佚失，残留朱雀、铺首。铺首两角上方各阳刻大小不同的圆形，此构图在陕北画像石中仅此一例。
著录与文献	未发表
出土/征集时间	1998 年征集
收藏地	绥德县博物馆

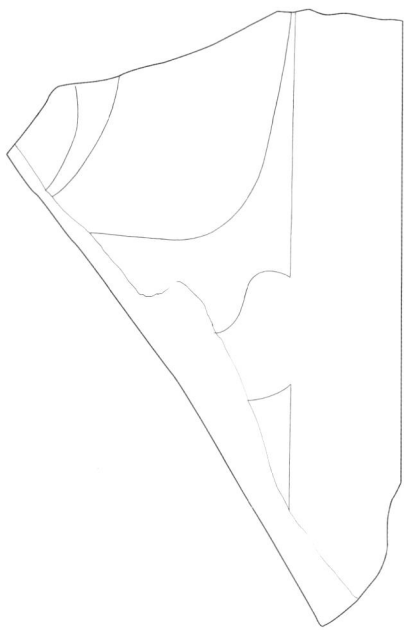

编　　号	SSX-SD-176-05
时　　代	东汉
原收藏号	2397-269
出土地	中角乡白家山
原石尺寸	43×27
画面尺寸	37×19
质　　地	砂岩
原石情况	正面、背面平整，上、下、左侧面为断面，右侧面平整。
所属墓群	不详
组合关系	右门扉，与门楣石，左、右门柱，左门扉为墓门面五石组合。
画面简述	原石大部分佚失，残留朱雀一翅局部。
著录与文献	未发表
出土/征集时间	1998年征集
收藏地	绥德县博物馆

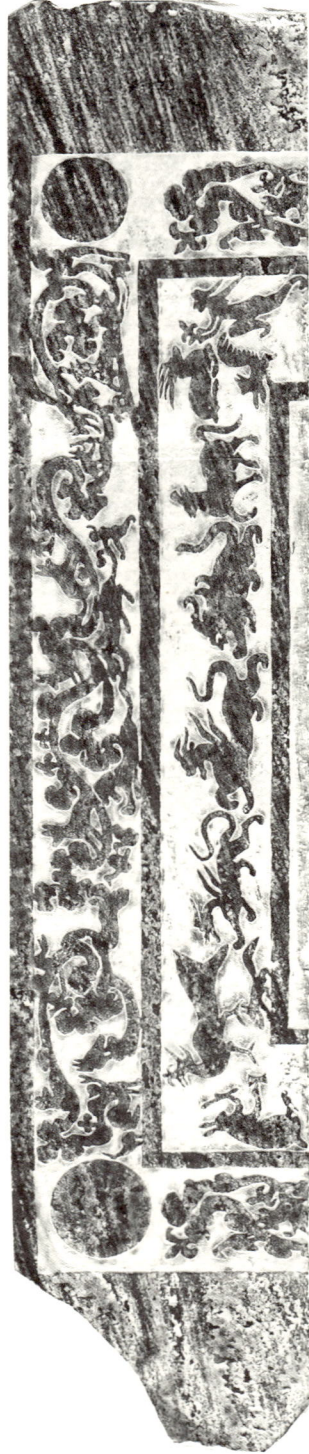

编号　SSX-SD-177-01

时代　东汉

原收藏号　2412-284

出土地　中角乡白家山

原石尺寸　198×41×5

画面尺寸　153×37

质地　砂岩

原石情况　正面、背面平整；上侧面呈毛石状；下侧面平整，有较粗糙的人字形纹；左侧面平整，上角残；右侧面呈毛石状。

所属墓群　不详

组合关系　门楣石，与左、右门柱、左、右门楣为墓门面五石组合。

画面简述　画面分为内、外两栏。外栏为卷云鸟兽纹。左、右两端各阴刻一圆形，象征日、月。卷云间穿插朱鸟、鹿、羽人、人面鸟、飞鸟、狐、羽人牵怪兽尾、怪兽角虎尾、捣药玉兔、麒麟。内栏为灵禽瑞兽图。玉兔捣药、朱雀、狐、翼龙、独角有翼犀牛形兽、九尾狐、鹿、羽人献瑞草。

著录与文献　绥德汉画像石展览馆编，李贵龙、王建勤主编：《绥德汉代画像石》，西安：陕西人民美术出版社，2001年，64页，图28；曹世玉总编：《绥德文库——汉画像石卷》，北京：中国文史出版社，2004年，208页，图166。

出土/征集时间　1998年征集

收藏地　绥德县博物馆

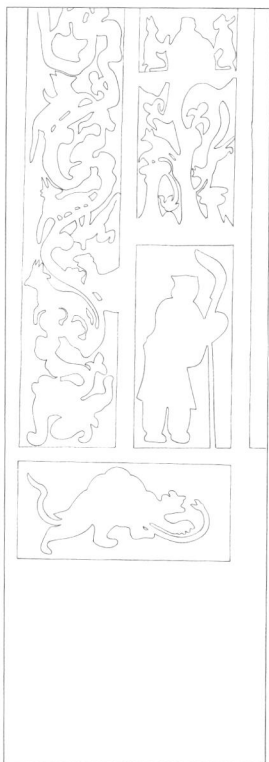

编号	SSX-SD-177-02
时代	东汉
原收藏号	2413-285
出土地	中角乡白家山
原石尺寸	118×40×5
画面尺寸	86×31
质地	砂岩
原石情况	正面、背面、上侧面平整；下、左侧面呈毛石状；右侧面平整，凿人字纹。
所属墓群	不详
组合关系	左门柱，与门楣石，右门柱，左、右门扉为墓门面五石组合。
画面简述	画面分为上、下两格。上格分为内、外两栏。外栏为卷云鸟兽纹，与门楣石外栏卷云鸟兽纹衔接。卷云间穿插有翼鹿形兽、长颈鸟、六腿怪兽、羽人手按虎头、三角鹿形兽、熊；内栏上为东王公（西王母）端坐神树之巅，左、右有玉兔、羽人跪侍。树干间有狐、鹿、飞鸟、瑞草。下为执彗门吏。底格为玄武。
著录与文献	绥德汉画像石展览馆编，李贵龙、王建勤主编：《绥德汉代画像石》，西安：陕西人民美术出版社，2001年，64页，图28；曹世玉总编：《绥德文库——汉画像石卷》，北京：中国文史出版社，2004年，208页，图167。
出土/征集时间	1998年征集
收藏地	绥德县博物馆

286

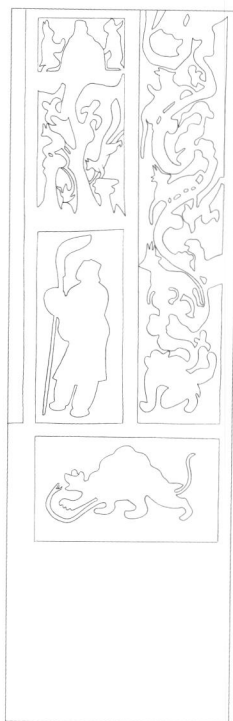

编号	SSX-SD-177-03
时代	东汉
原收藏号	2414-286
出土地	中角乡白家山
原石尺寸	124×40×5
画面尺寸	91×35
质地	砂岩
原石情况	正面、背面、上侧面平整；下、右侧面呈毛石状；左侧面平整，凿斜纹。
所属墓群	不详
组合关系	右门柱，与门楣石，左门柱，左、右门扉为墓门面五石组合。
画面简述	画面分为上、下两格。上格分为内、外两栏。外栏为卷云鸟兽纹，与横楣石外栏卷云鸟兽纹衔接。卷云间穿插翼鹿形兽、长颈鸟、六腿怪兽、羽人手按虎头、三角鹿形兽、熊；内栏上为东王公（西王母）端坐神树之巅，左、右有玉兔、羽人跪侍。树干间有狐、鹿、飞鸟、瑞草。下为执彗门吏。底格为玄武。
著录与文献	绥德汉画像石展览馆编，李贵龙、王建勤主编：《绥德汉代画像石》，西安：陕西人民美术出版社，2001 年，65 页，图 28；曹世玉总编：《绥德文库——汉画像石卷》，北京：中国文史出版社，2004 年，209 页，图 170。
出土/征集时间	1998 年征集
收藏地	绥德县博物馆
备注	左、右门柱使用同一模板制作。

287

编号	SSX-SD-177-04
时代	东汉
原收藏号	2415-287
出土地	中角乡白家山
原石尺寸	118×50×6
画面尺寸	94×36
质地	砂岩
原石情况	正面、背面平整；上侧面平整，凿斜纹；下侧面平整，凿人字纹；左、右侧面平整，凿人字纹。
所属墓群	不详
组合关系	左门扉，与门楣石，左、右门柱，左、右门扉为墓门面五石组合。
画面简述	朱雀、铺首、独角兽。铺首的眼睛阴线刻画。
著录与文献	绥德汉画像石展览馆编，李贵龙、王建勤主编：《绥德汉代画像石》，西安：陕西人民美术出版社，2001年，64页，图28；曹世玉总编：《绥德文库——汉画像石卷》，北京：中国文史出版社，2004年，208页，图168。
出土/征集时间	1998年征集
收藏地	绥德县博物馆

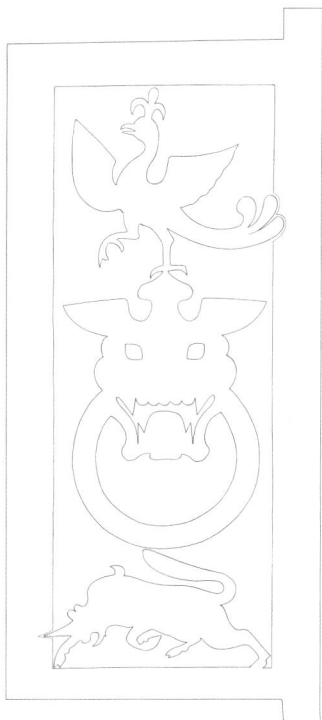

编号	SSX-SD-177-05
时代	东汉
原收藏号	2416-288
出土地	中角乡白家山
原石尺寸	117×51×5
画面尺寸	95×35
质地	砂岩
原石情况	正面、背面平整；上侧面平整，凿人字纹；下侧面平整，凿斜纹；左侧面凿斜纹，呈马蹄面；右侧面平整，凿斜纹。
所属墓群	白家山 M2
组合关系	右门扉，与门楣石，左、右门柱，左门扉为墓门面五石组合。
画面简述	朱雀、铺首、独角兽。铺首的眼睛阴线刻画。
著录与文献	绥德汉画像石展览馆编，李贵龙、王建勤主编：《绥德汉代画像石》，西安：陕西人民美术出版社，2001年，65页，图28；曹世玉总编：《绥德文库——汉画像石卷》，北京：中国文史出版社，2004年，209页，图169。
出土/征集时间	1998年征集
收藏地	绥德县博物馆

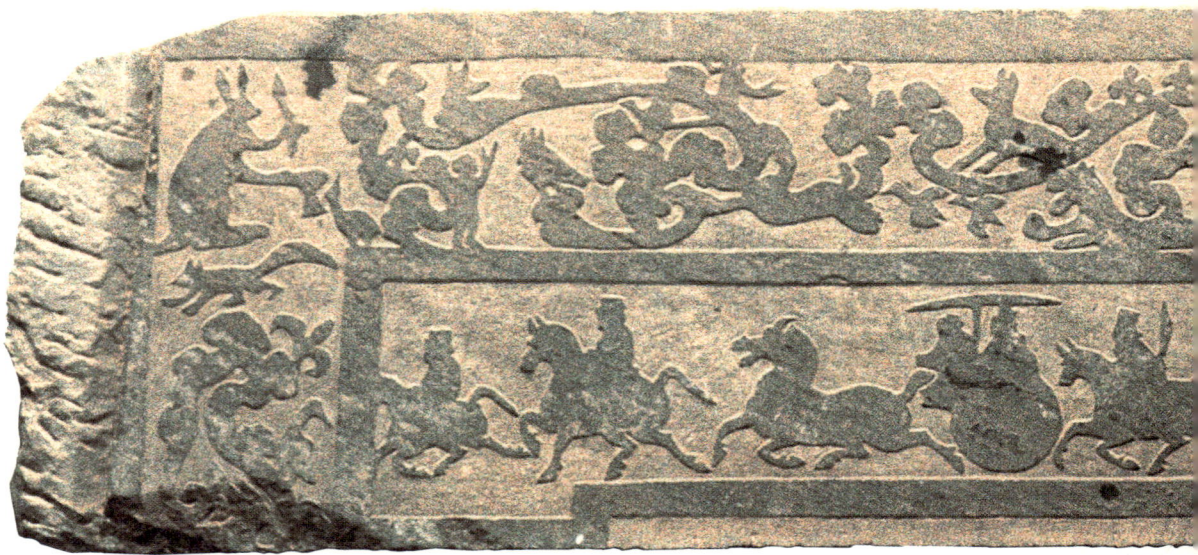

编号	SSX-SD-177-06
时代	东汉永元十六年（公元104年）十月
原收藏号	2417-289
出土地	中角乡白家山
原石尺寸	275×40×5
画面尺寸	259×36
质地	砂岩
原石情况	原石断为两截。正面、背面平整；上、右侧面平整，凿斜纹；下侧面平整，凿人字纹；左侧面呈毛石状。
所属墓群	白家山M2
组合关系	横楣石，与左、右门柱，中柱室为墓室后壁四石组合。
画面简述	画面分为内、外两栏。外栏为卷云纹。饰以九尾狐、玉兔捣药、羽人、三角人面鸟、二兽一羽人（一虎在前，一猛兽衔其尾，猛兽的长尾又有一垂发羽人拽着）、仙鹿、玉兔捣药、狐、仙鹿、九尾狐、羽人献瑞草。内栏正中为完璧归赵故事图。两侧为人物出行，有两导骑、三辆轺车、四护骑、两辆辎车。
著录与文献	绥德汉画像石展览馆编，李贵龙、王建勤主编：《绥德汉代画像石》，西安：陕西人民美术出版社，2001年，120页，图65；曹世玉总编：《绥德文库——汉画像石卷》，北京：中国文史出版社，2004年，122页，图64。
出土/征集时间	1998年征集
收藏地	绥德县博物馆

编号	SSX-SD-177-07
时代	东汉永元十六年（公元104年）十月
原收藏号	2418-290
出土地	中角乡白家山
原石尺寸	141×50×5
画面尺寸	95×31
质地	砂岩
原石情况	正面、背面、上侧面平整；下侧面呈毛石状；左侧面靠正面2.5厘米处平整，凿斜纹，靠背面处呈毛石状；右侧面平整，凿人字纹。
所属墓群	白家山M2
组合关系	左门柱，与横楣石、右门柱、中柱石为墓室后壁四石组合。
画面简述	画面分为上、下两格。上格分为内、外两栏。外栏为卷云鸟兽纹。云气间穿插有翼鹿形兽、六腿怪兽、三角鹿形兽、羽人手按头虎、熊；内栏上为东王公（西王母）端坐神树之巅，左、右有玉兔、羽人跪侍。树干间有狐、鹿、飞鸟、瑞草。下为执彗门吏。下格为两马停立，鸡、鸭群。
著录与文献	绥德汉画像石展览馆编，李贵龙、王建勤主编：《绥德汉代画像石》，西安：陕西人民美术出版社，2001年，159页，图90；曹世玉总编：《绥德文库——汉画像石卷》，北京：中国文史出版社，2004年，42页，图8。
出土/征集时间	1998年征集
收藏地	绥德县博物馆

291

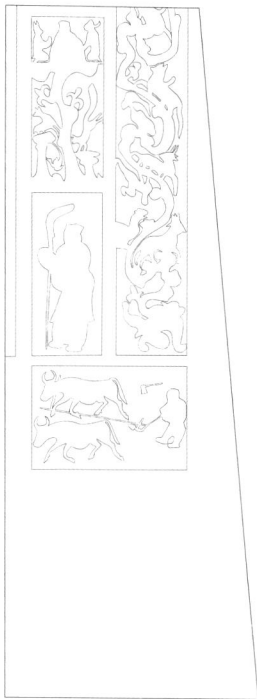

编号	SSX-SD-177-08
时代	东汉
原收藏号	2419-291
出土地	中角乡白家山
原石尺寸	140×51×6
画面尺寸	94×30
质地	砂岩
原石情况	正面、背面平整；上侧面平整，凿人字纹；下侧面呈毛石状；左侧面平整，凿人字纹；右侧面呈马蹄面，靠正面处平整，凿斜纹，靠背面处呈毛石状。
所属墓群	不详
组合关系	右门柱，与横楣石、左门柱、中柱石为墓室后壁四石组合。
画面简述	画面分为上、下两格。上格分为内、外两栏。外栏为卷云鸟兽纹。卷云间穿插有翼鹿形兽、长颈鸟、鹿、仙人手按虎头、三角鹿形兽、熊；左栏上为东王公（西王母）端坐神树之巅，左、右有玉兔、羽人跪侍。树干间有狐、鹿、飞鸟、瑞草。下为执彗门吏。底格为二牛挽犁图。
著录与文献	绥德汉画像石展览馆编，李贵龙、王建勤主编：《绥德汉代画像石》，西安：陕西人民美术出版社，2001年，159页，图90；曹世玉总编：《绥德文库——汉画像石卷》，北京：中国文史出版社，2004年，42页，图9。
出土/征集时间	1998年征集
收藏地	绥德县博物馆

编号	SSX-SD-177-09
时代	东汉永元十六年（公元104年）十月
原收藏号	2420-292
出土地	中角乡白家山
原石尺寸	123×19×5
画面尺寸	12×5
质地	砂岩
原石情况	正面、背面、上侧面平整；下侧面呈毛石状；左、右侧面平整，凿人字纹。
所属墓群	不详
组合关系	中柱石，与横楣石，左、右门柱为墓室后壁四石组合。
画面简述	上段篆味隶体阴刻"西河圜阳张文卿以永元十六年十月造万岁堂"，下段篆体阳刻"张公之室"。
著录与文献	绥德汉画像石展览馆编，李贵龙、王建勤主编：《绥德汉代画像石》，西安：陕西人民美术出版社，2001年，192页，图123；曹世玉总编：《绥德文库——汉画像石卷》，北京：中国文史出版社，2004年，504页，图473。
出土/征集时间	1998年征集
收藏地	绥德县博物馆

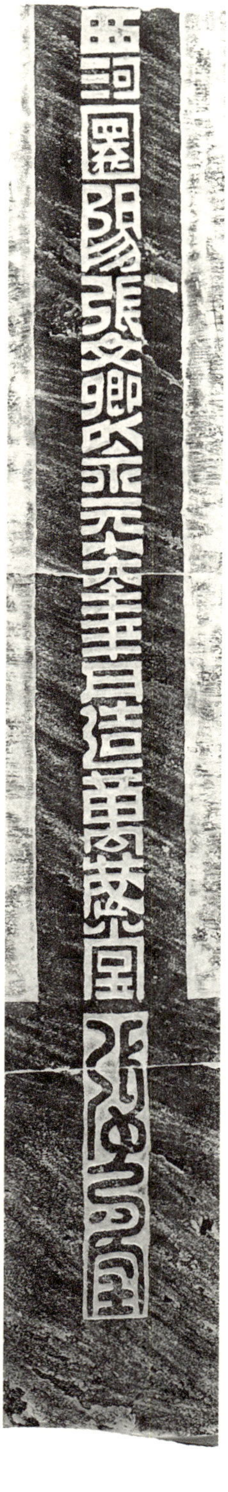

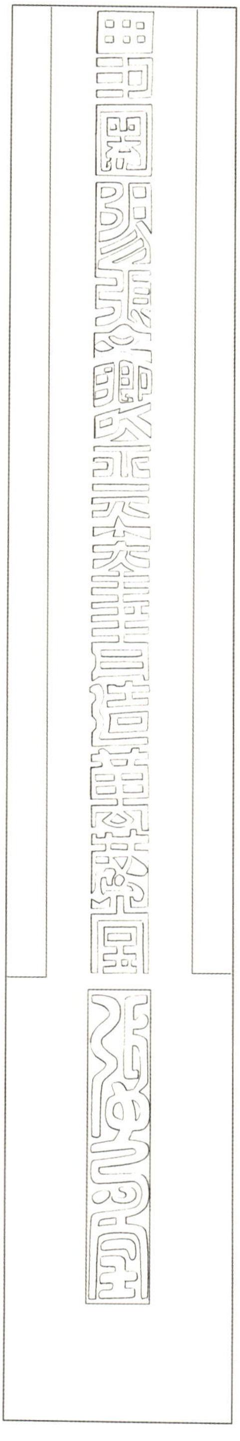

编号	SSX-SD-178-01
时代	东汉
原收藏号	2410-282
出土地	中角乡白家山
原石尺寸	150×25×6（当为中间部分）
画面尺寸	89×17（同左）
质地	砂岩
原石情况	正面、背面、上侧面平整；下侧面、左侧面呈毛石状；右侧面靠正面3厘米处平整，凿厚斜纹，靠背面处呈毛石状。
所属墓群	白家山 M3
组合关系	左边柱，与右边柱为二石组合。
画面简述	卷云纹。
著录与文献	曹世玉总编：《绥德文库——汉画像石卷》，北京：中国文史出版社，2004年，302页，图268。
出土/征集时间	1998年征集
收藏地	绥德县博物馆

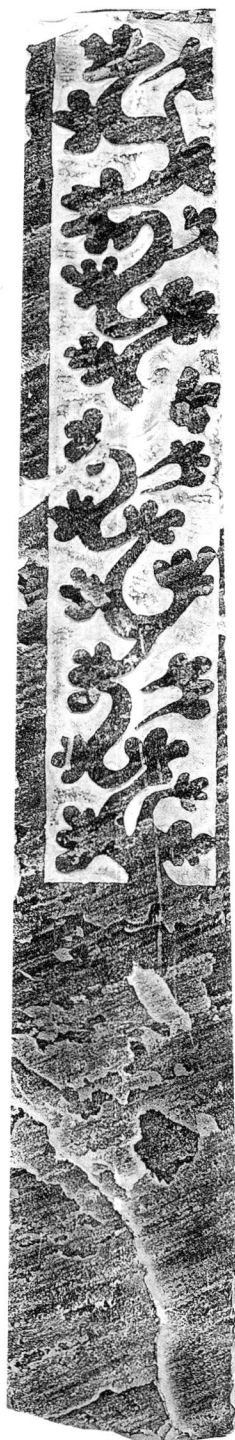

283

编号	SSX-SD-178-02
时代	东汉
原收藏号	2411-283
出土地	中角乡白家山
原石尺寸	145×25×6
画面尺寸	100×18
质地	砂岩
原石情况	正面、背面平整；上侧面平整，凿条纹；下侧面呈毛石状；左侧面平整，凿斜纹；右侧面欠平整。
所属墓群	白家山 M3
组合关系	右边柱，与左边柱为二石组合。
画面简述	卷云纹。
著录与文献	曹世玉总编：《绥德文库——汉画像石卷》，北京：中国文史出版社，2004 年，302 页，图 267。
出土/征集时间	1998 年征集
收藏地	绥德县博物馆

编号	SSX-SD-180
时代	东汉
原收藏号	2404-276
出土地	中角乡白家山
原石尺寸	264×36×6
画面尺寸	263×29
质地	砂岩
原石情况	原石断为两截。正面、背面，下、左、右侧面均平整；上侧面平整，凿粗斜纹。
所属墓群	
组合关系	不详
画面简述	画面为车骑出行图。左端二人肩扛殳铤徒步前行，一辆轺车随之行进，另一辆轺车已经停立在捧牍恭迎人的面前。另一人捧牍站立，恭迎正行进在山梁上的六辆轺车。跟随轺车队伍前行的有两名戴冠着袍捧牍骑吏、四名徒手骑吏，其中一人大概是因为山路崎岖而不慎落马，连障泥也丢掷于地。右端一骑手背负弓箭，一骑手手执杯，作饮状，下马行走。中部连绵起伏的山丘中，有猎手张弓射猎。马身上涂红彩。
著录与文献	绥德汉画像石展览馆编，李贵龙、王建勤主编：《绥德汉代画像石》，西安：陕西人民美术出版社，2001年，120页，图65；曹世玉总编：《绥德文库——汉画像石卷》，北京：中国文史出版社，2004年，122页，图63。
出土/征集时间	1998年征集
收藏地	绥德县博物馆

编号	SSX-SD-181
时代	东汉
原收藏号	2407-279
出土地	中角乡白家山
原石尺寸	264×36×5
画面尺寸	258×30
质地	砂岩
原石情况	原石断为两截。正面平整；左侧面有粗糙的凿痕；右侧面平整，凿直纹；上侧面呈毛石状，下侧面平整。
所属墓群	
组合关系	不详
画面简述	画面为战后凯旋图。左端一头领执棒状器端坐，身后有一人举华盖。面前一人作跪禀状，一人作伏地拜见状，一人捧物前行，一人垂袖站立，两人捧牍站立。下有一战俘被剥掉衣服（可能是铠甲，可能是皮质衣服），被两人摁倒在地；另一战俘被反剪双手站立。右边为两列骑兵队伍，手执或背负弓箭，胜利回归。部分骑兵戴盔，盔上有缨。兵士和战俘多有高鼻深目的胡人形象。马身上涂红彩。
著录与文献	绥德汉画像石展览馆编，李贵龙、王建勤主编：《绥德汉代画像石》，西安：陕西人民美术出版社，2001年，128页，图69；曹世玉总编：《绥德文库——汉画像石卷》，北京：中国文史出版社，2004年，78页，图35。
出土/征集时间	1998年征集
收藏地	绥德县博物馆

编号	SSX-SD-182-01
时代	东汉
原收藏号	2399-271
出土地	中角乡白家山
原石尺寸	133×53×5
画面尺寸	92×35
质地	砂岩
原石情况	正面、背面、上侧面均平整；下侧面呈毛石状；左侧面靠正面处减地1.5厘米凿斜纹，靠背面处呈毛石状；右侧面平整，凿人字纹。整个石块上窄下宽。
所属墓群	
组合关系	左门柱，与右门柱为二石组合。
画面简述	画面分为上、下两格。上格为三层楼阁。一楼内为秘戏图；二楼并列两室，左室有一妇人独坐，右室门紧闭。两室之间树一立柱，直通三楼。两室屋顶站立朱鸟。有楼梯通向三楼，二人捧物正沿梯上楼；三楼栏杆清晰可见，屋顶有两球形凸起，左右站立凤鸟。两猿沿屋檐坡面攀爬。下格为一人戴冠着袍，荷剑站立。一马夫牵马停立。一长尾雀鸟伫立。
著录与文献	绥德汉画像石展览馆编，李贵龙、王建勤主编：《绥德汉代画像石》，西安：陕西人民美术出版社，2001年，66页，图29；曹世玉总编：《绥德文库——汉画像石卷》，北京：中国文史出版社，2004年，210页，图173。
出土/征集时间	1998年征集
收藏地	绥德县博物馆

272

126

编号	SSX-SD-182-02
时代	东汉
原收藏号	2400-272
出土地	中角乡白家山
原石尺寸	146×52×5
画面尺寸	94×35
质地	砂岩
原石情况	正面、背面平整；上侧面平整，凿斜纹；下侧面呈毛石状；左侧面平整，凿人字纹；右侧面靠正面 1.8 厘米处平整，凿斜纹，靠背面处呈毛石状。
所属墓群	
组合关系	与左门柱为二石组合
画面简述	画面为一多层阁楼。一层屋内两人赤身相搏，脱下的衣服（动物皮质地）放置地上。旁坐两人观看；二层屋内男女二人对坐于几前，似在对语；三层屋檐坡面上两鸟卷尾，相对而立；屋顶立一立柱直抵顶楼，上有斗栱，斗栱间阳刻两力士承托。立柱两边均有楼梯通向顶层，左有三人捧物顺梯而上，右一人扶门框，两人抬梯形物（？）上楼梯。顶层屋内为乐舞图：一人抚琴，一人吹笛，地上置盘，为盘舞道具，旁有一人倒立，一人蹲于地伴舞（观看？）；顶层屋檐的坡面上两鸟相对而立。
著录与文献	绥德汉画像石展览馆编，李贵龙、王建勤主编：《绥德汉代画像石》，西安：陕西人民美术出版社，2001 年，67 页，图 29；曹世玉总编：《绥德文库——汉画像石卷》，北京：中国文史出版社，2004 年，211 页，图 175。
出土/征集时间	1998 年征集
收藏地	绥德县博物馆

编号	SSX-SD-183-01
时代	东汉
原收藏号	2405-277
出土地	中角乡白家山
原石尺寸	125×30×5
画面尺寸	103×22
质地	砂岩
原石情况	正面、背面、上侧面平整，下侧面、左侧面为毛石状，右面刻人字纹。
所属墓群	
组合关系	左门柱，与右门柱为二石组合。
画面简述	画面分为上、下两格。上格为一枝繁叶茂的树上一朱雀站立。树枝上挂兔子、鸟。下格为博山炉，两侧有瑞草生长。炉盖顶一朱雀卧伏，旁有一猿与朱雀作嬉戏状。
著录与文献	绥德汉画像石展览馆编，李贵龙、王建勤主编：《绥德汉代画像石》，西安：陕西人民美术出版社，2001年，170页，图101；曹世玉总编：《绥德文库——汉画像石卷》，北京：中国文史出版社，2004年，60页，图20。
出土/征集时间	1998年征集
收藏地	绥德县博物馆

278

编号	SSX-SD-183-02
时代	东汉
原收藏号	2406-278
出土地	中角乡白家山
原石尺寸	142×30×7
画面尺寸	97×21
质地	砂岩
原石情况	正面、背面平整，下、右侧面呈毛石状，左侧面平整，凿人字纹。
所属墓群	
组合关系	右门柱，与左门柱为二石组合。
画面简述	画面分为上、下两格。上格为一枝繁叶茂的树上一朱雀站立，树枝上挂双鱼，树枝间有三只鸟站立。下格为博山炉，左侧有一人坐于地上，作拉弓状，右坐一人（？）。炉盖顶一朱雀卧伏，旁有一羽人与朱雀作嬉戏状。
著录与文献	绥德汉画像石展览馆编，李贵龙、王建勤主编：《绥德汉代画像石》，西安:陕西人民美术出版社，2001年，170页，图101；曹世玉总编：《绥德文库——汉画像石卷》，北京：中国文史出版社，2004年，60页，图21。
出土/征集时间	1998年征集
收藏地	绥德县博物馆

编号	SSX-SD-184
时代	东汉
原收藏号	2403-275
出土地	中角乡白家山
原石尺寸	109.5×22×4.5
画面尺寸	108×15
质地	砂岩
原石情况	正面、背面、上侧面平整,下、左、右侧面呈毛石状。
所属墓群	
组合关系	
画面简述	画面为卷云纹,卷云间穿插屋宇、羽人、鹿、青龙。
著录与文献	绥德汉画像石展览馆编、李贵龙、王建勤主编:《绥德汉代画像石》,西安:陕西人民美术出版社,2001年,67页,图29;曹世玉总编:《绥德文库——汉画像石卷》,北京:中国文史出版社,2004年,211页,图176。
出土/征集时间	1998年征集
收藏地	绥德县博物馆

编号	SSX-SD-185
时代	东汉
原收藏号	2408-280
出土地	中角乡白家山
原石尺寸	134×23×5
画面尺寸	101×17
质地	砂岩
原石情况	正面欠平整，局部突起，背面平整；上侧面平整，凿斜纹；下、左、右侧面均呈毛石状。
所属墓群	
组合关系	不详
画面简述	画面分为上、中、下三格。上格一柱中立，上有斗栱，柱顶立一鸟，一羽人，柱两边为卷云纹；中格为柿蒂纹，二个圆形，上、下阳刻锯齿纹；下格阳刻12枚钱币，右上一枚阴线刻"五铢"两字。
著录与文献	绥德汉画像石展览馆编，李贵龙、王建勤主编：《绥德汉代画像石》，西安：陕西人民美术出版社，2001年，190页，图121；曹世玉总编：《绥德文库——汉画像石卷》，北京：中国文史出版社，2004年，171页，图119。
出土/征集时间	1998年征集
收藏地	绥德县博物馆

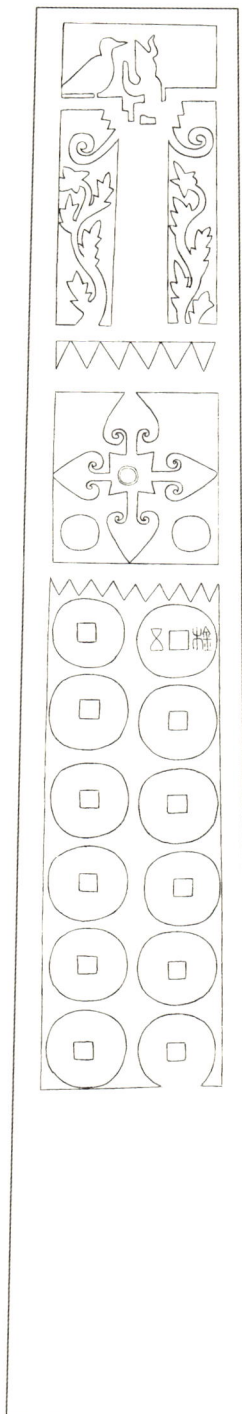

编号	SSX-SD-186
时代	东汉
原收藏号	2409-281
出土地	中角乡白家山
原石尺寸	140×26×6
画面尺寸	112×19
质地	砂岩
原石情况	正面、背面、上侧面平整；下侧面呈毛石状；左侧面凿斜纹；右侧面靠正面1厘米处凿斜纹，靠背面处呈毛石状。
所属墓群	
组合关系	不详
画面简述	画面分为上、下两格。上格为朱雀卷云纹。卷云上立一朱雀，卷云间穿插青龙、白虎、鹿。下格一人赤身裸体，曲蹲于地，双手上举作承托状。
著录与文献	绥德汉画像石展览馆编，李贵龙、王建勤主编：《绥德汉代画像石》，西安：陕西人民美术出版社，2001年，189页，图120；曹世玉总编：《绥德文库——汉画像石卷》，北京：中国文史出版社，2004年，426页，图387。
出土/征集时间	1998年征集
收藏地	绥德县博物馆

编号	SSX-SD-187
时代	东汉
原收藏号	2430-302
出土地	中角乡白家山
原石尺寸	113×27×5
画面尺寸	89×17
质地	砂岩
原石情况	正面、背面平整；上侧面平整，凿人字纹；下侧面、右侧面靠正面处凿斜纹，靠背面处呈毛石状。
所属墓群	
组合关系	不详
画面简述	画面自上而下分为五格。第一格：男女两人对坐。第二格：一妇人头梳垂髻髻，着拖地长裙面左站立，面前一人戴帻巾着袍拥袖站立。第三格：一舞伎头梳垂髻髻，着袿衣，挥袖而舞，面前一妇人头梳圆髻，站立观看。第四格：右一人头戴进贤冠，身着长袍站立，伸出一手，似在讲述。对面一妇人头梳圆髻，站立聆听。第五格：一马停立，马夫站立。
著录与文献	绥德汉画像石展览馆编，李贵龙、王建勤主编：《绥德汉代画像石》，西安：陕西人民美术出版社，2001年，165页，图96；曹世玉总编：《绥德文库——汉画像石卷》，北京：中国文史出版社，2004年，427页，图389。
出土/征集时间	1998年征集
收藏地	绥德县博物馆

编号	SSX-SD-188
时代	东汉
原收藏号	2402-274
出土地	中角乡白家山
原石尺寸	138×23×5
画面尺寸	114×16
质地	砂岩
原石情况	正面、背面平整；上侧面平整，凿斜纹；下、左、右侧面均呈毛石状。
所属墓群	
组合关系	不详
画面简述	卷云鸟兽纹。卷云间有马、三个羽人、朱鸟。下边框阴线刻水波纹。有人形坐于水波之上。
著录与文献	绥德汉画像石展览馆编，李贵龙、王建勤主编：《绥德汉代画像石》，西安：陕西人民美术出版社，2001年，66页，图29;曹世玉总编：《绥德文库——汉画像石卷》，北京：中国文史出版社，2004年，210页，图172。
出土/征集时间	1998年征集
收藏地	绥德县博物馆

编号	SSX-SD-189
时代	东汉
原收藏号	2431-303
出土地	中角乡白家山
原石尺寸	61×39×6
画面尺寸	35×61
质地	砂岩
原石情况	原石下段残佚。正面、背面、上侧面平整；下侧面为残断面；左、右侧面平整，凿斜纹。
所属墓群	
组合关系	
画面简述	画面为一多层阁楼。（下段残失）残留两间并列的房屋，屋檐坡面上两鸟卷尾，相对而立；两屋之间立一立柱直抵顶楼，上有斗栱。立柱两边均有楼梯通向顶层，左有两人捧物顺梯而上，一人扶门框，右两人抬不明物上楼梯，一人扶门框；顶层屋内一人抚琴，一人吹箫；顶层屋檐的坡面上两鸟相对而立，屋顶有三个球形凸起。
著录与文献	曹世玉总编：《绥德文库——汉画像石卷》，北京：中国文史出版社，2004年，500页，图468。
出土/征集时间	1998年征集
收藏地	绥德县博物馆

编号	SSX-SD-190
时代	东汉
原收藏号	2424-296
出土地	中角乡白家山
原石尺寸	272×39
画面尺寸	264×33
质地	砂岩
原石情况	原石断为四块,边缘有残损。正面、背面平整;上侧面、左侧面呈毛石状;下、右侧面平整,凿斜纹。
所属墓群	
组合关系	
画面简述	画面正中为一座连绵巍峨的大山,周围是张弓的猎手和奔逃的野兽。两雄鹿静卧山间,羽人戏兽。山左为放牧图:两人执鞭,一人拿斧,照看牛羊群,一番"牛马衔尾,群羊塞道"的情景;山右有两株树,两人树下悠然安坐,三匹马停立一旁。
著录与文献	绥德汉画像石展览馆编,李贵龙、王建勤主编:《绥德汉代画像石》,西安:陕西人民美术出版社,2001年,144页,图77;曹世玉总编:《绥德文库——汉画像石卷》,北京:中国文史出版社,2004年,144页,图85。
出土/征集时间	1998年征集
收藏地	绥德县博物馆

编号	SSX-SD-191
时代	东汉
原收藏号	2421-293
出土地	中角乡白家山
原石尺寸	266×38×4
画面尺寸	259×32
质地	砂岩
原石情况	正面、背面平整；上、下、右侧面均平整，凿斜纹；左侧面呈毛石状。
所属墓群	
组合关系	
画面简述	画面左端、正中各有一座二层楼阁。左端阁楼的屋檐上，左立一只朱鸟（雌鸡？），右立一只雄鸡，一层立柱上一羽人搜着斗栱攀柱，一层内二人跽坐，似在交谈；中间阁楼的屋顶有三圆拱物，还有雄鸡、三足乌、朱鸟（雌鸡？）站立。一层的屋檐上有尾人形兽和猿攀爬。阁楼内空寂无人，一层内帷幔下垂，似为大厅；两楼之间有轺车、辎车，或停立或行进，四名骑吏相随；中间阁楼外，左有男女两人对语，右有头梳垂髻和圆髻的六位妇人着拖地长裙站立，一男子作恭迎状，一男子随侍；其后为两辆牛车和六名骑吏行进。
著录与文献	绥德汉画像石展览馆编、李贵龙、王建勤主编：《绥德汉代画像石》，西安：陕西人民美术出版社，2001年，120页，图65；曹世玉总编：《绥德文库——汉画像石卷》，北京：中国文史出版社，2004年，122页，图65。
出土/征集时间	1998年征集
收藏地	绥德县博物馆

301

150

编号	SSX-SD-192
时代	东汉
原收藏号	2429-301
出土地	中角乡白家山
原石尺寸	55×38×4
画面尺寸	50×31
质地	砂岩
原石情况	原石右段残佚。正面、背面平整，上、下、右侧面呈毛石状，左侧面为断面。
所属墓群	
组合关系	
画面简述	画面分为上、下两栏。上栏为卷云鸟兽纹，卷云间有羽人、仙人戏人面鸟、朱鸟、鹿。下栏为仙人执瑞草戏麒麟、独角有翼怪兽，鸡喙，口含橄榄状物（青果？）。
著录与文献	未发表
出土/征集时间	1998 年征集
收藏地	绥德县博物馆

编号	SSX-SD-193-01
时代	东汉
原收藏号	2426-298
出土地	中角乡白家山
原石尺寸	148×30×5
画面尺寸	90×24
质地	砂岩
原石情况	正面、背面平整；上、右侧面平整，凿斜纹；下侧面呈毛石状；左侧面有少许琢痕。
所属墓群	
组合关系	
画面简述	画面分为内、外两栏。外栏竖排一列十二枚钱币，最下两枚钱币阴线刻"五铢"两字；内栏为卷云鸟兽纹。卷云间穿插有翼鹿形兽、长颈鸟、六腿怪兽、羽人手按虎头、三角鹿形兽、熊。上边框阴线刻画翼龙。
著录与文献	绥德汉画像石展览馆编，李贵龙、王建勤主编：《绥德汉代画像石》，西安：陕西人民美术出版社，2001年，190页，图121；曹世玉总编：《绥德文库——汉画像石卷》，北京：中国文史出版社，2004年，171页，图118。
出土/征集时间	1998年征集
收藏地	绥德县博物馆

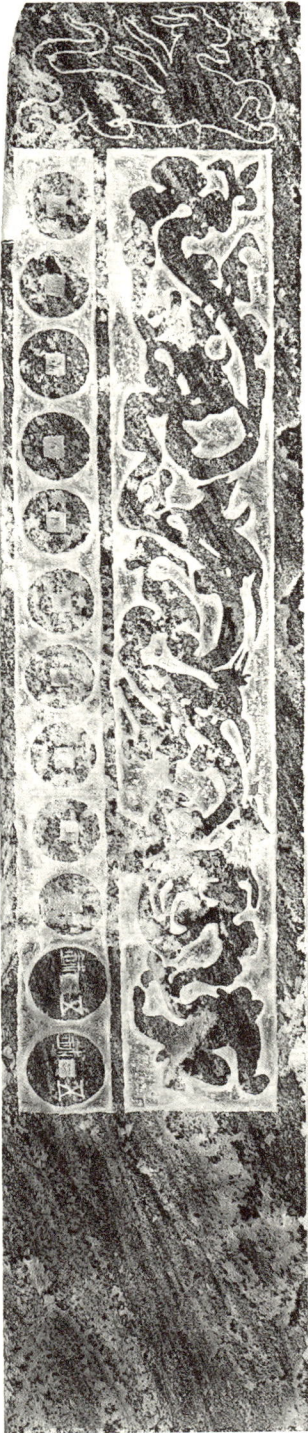

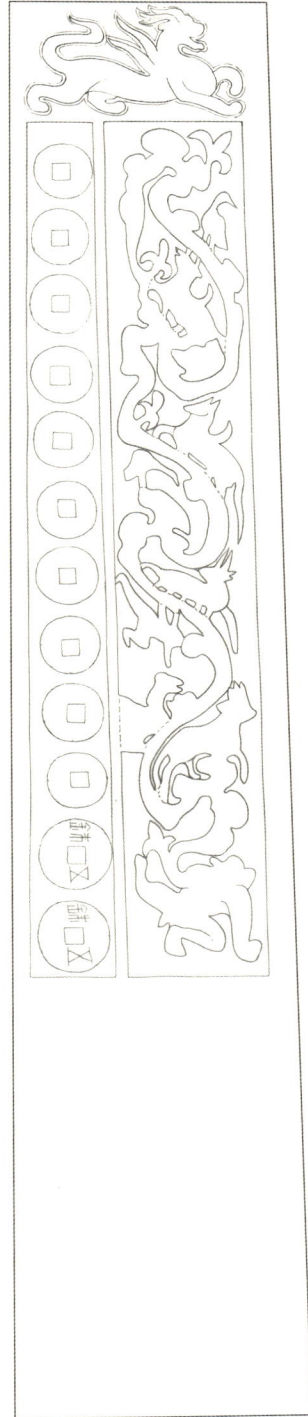

294

编号	SSX-SD-193-02
时代	东汉
原收藏号	2422-294
出土地	中角乡白家山
原石尺寸	142×34×6
画面尺寸	90×14
质地	砂岩
原石情况	正面、背面平整；上侧面平整，凿人字纹；下侧面呈毛石状；左、右侧面平整，凿人字纹。
所属墓群	
组合关系	
画面简述	卷云鸟兽纹。卷云间穿插有翼鹿形兽、长颈鸟、六腿怪兽、羽人手按虎头、三角鹿形兽、熊。上边框阴线刻画一虎。
著录与文献	未发表
出土/征集时间	1998 年征集
收藏地	绥德县博物馆

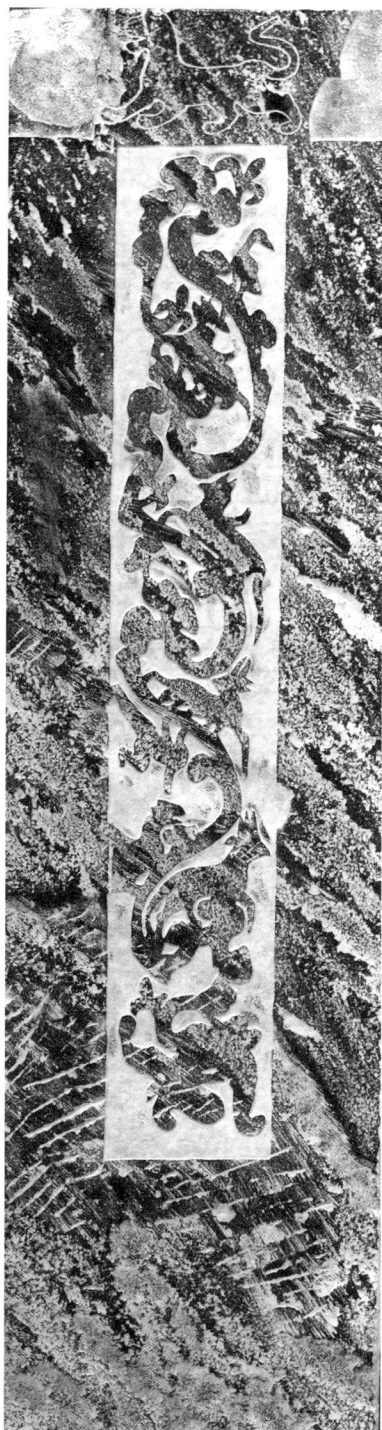

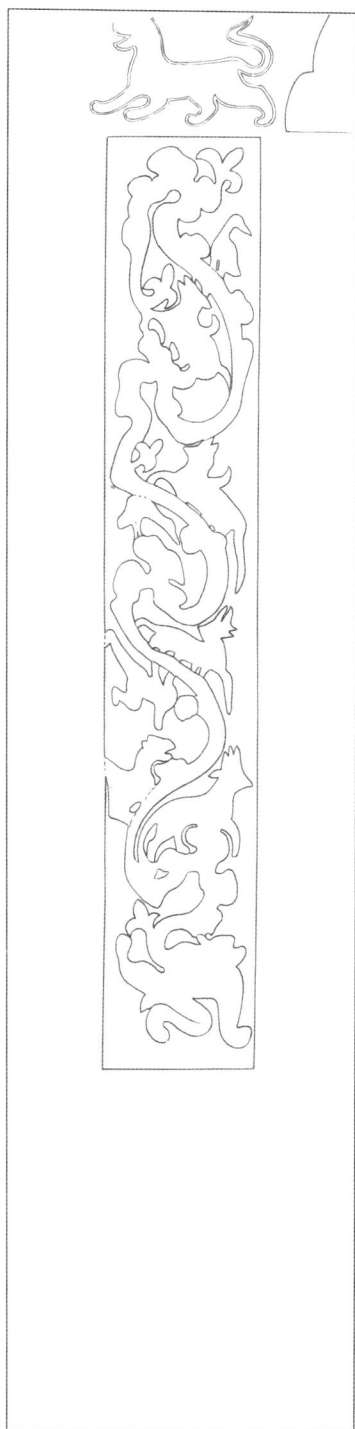

编号	SSX-SD-194
时代	东汉
原收藏号	2427-299
出土地	中角乡白家山
原石尺寸	81×20×5
画面尺寸	74×14
质地	砂岩
原石情况	正面、背面、下侧面平整；上侧面平整，凿斜纹；左侧面呈毛石状，右侧面欠平整。
所属墓群	
组合关系	
画面简述	卷云鸟兽纹。卷云间穿插有翼鹿形兽、长颈鸟、鹿、羽人手按虎头、三角鹿形兽、虎。
著录与文献	曹世玉总编：《绥德文库——汉画像石卷》，北京：中国文史出版社，2004年，302页，图269。
出土/征集时间	1998年征集
收藏地	绥德县博物馆

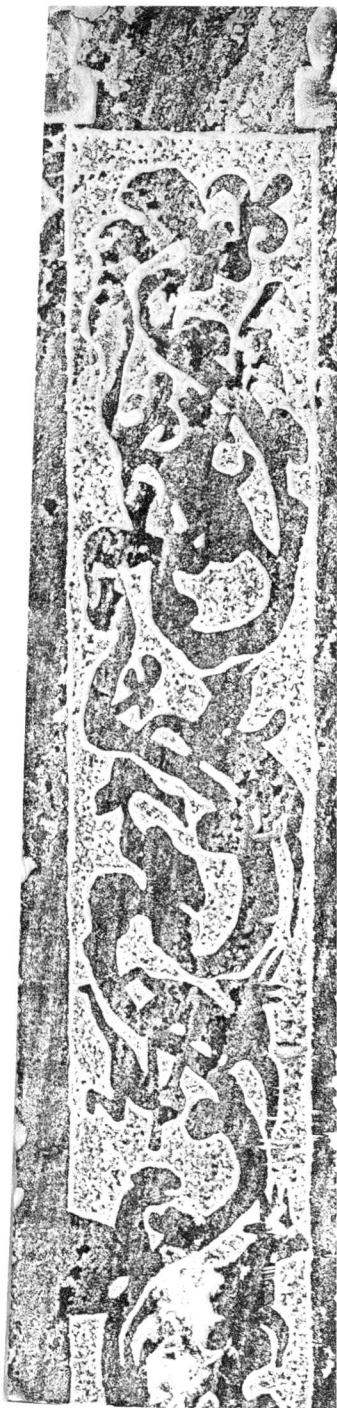

编号	SSX-SD-195
时代	东汉
原收藏号	2428-300
出土地	中角乡白家山
原石尺寸	138×23×6
画面尺寸	90×14
质地	砂岩
原石情况	正面、背面平整；上侧面平整，凿直纹；下侧面、右侧面呈毛石状；左侧面靠正面3厘米凿斜纹，靠背面处呈毛石状。
所属墓群	
组合关系	
画面简述	卷云鸟兽纹。卷云间穿插有翼鹿形兽、长颈鸟、鹿、羽人手按虎头、三角鹿形兽、熊。
著录与文献	曹世玉总编：《绥德文库——汉画像石卷》，北京：中国文史出版社，2004年，302页，图270。
出土/征集时间	1998年征集
收藏地	绥德县博物馆

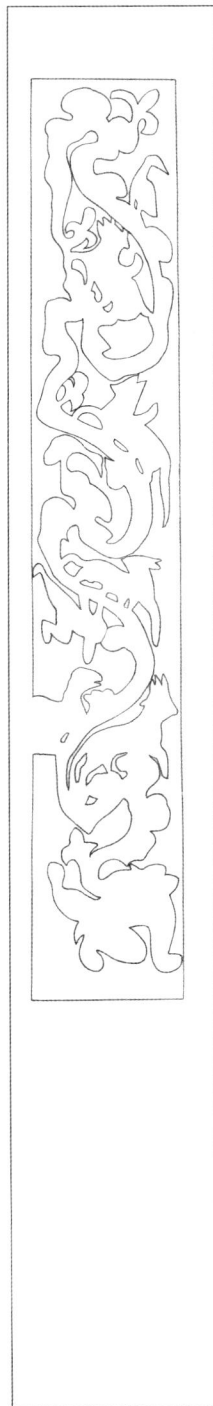

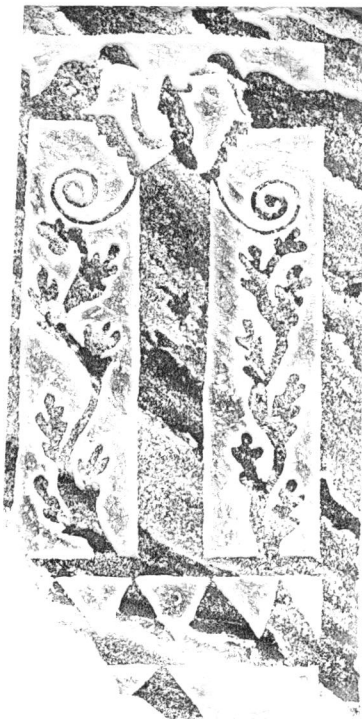

编号	SSX-SD-196
时代	东汉
原收藏号	2432-304
出土地	中角乡白家山
原石尺寸	49×27×4
画面尺寸	47×20
质地	砂岩
原石情况	原石下段残佚。正面、背面、上侧面平整；下侧面为断面；左侧面平整，凿斜纹；右侧面呈毛石状。
所属墓群	
组合关系	不详
画面简述	画面分为上、中、下三格。上格一柱中立，上有斗栱，柱顶立两鸟，坐一羽人，柱两边为卷云纹；中格可见齿纹。下段残失。
著录与文献	曹世玉总编：《绥德文库——汉画像石卷》，北京：中国文史出版社，2004年，500页，图469。
出土/征集时间	1998年征集
收藏地	绥德县博物馆

编号	SSX-SD-197
时代	东汉
原收藏号	2425-297
出土地	中角乡白家山
原石尺寸	150×31×5
画面尺寸	104×24
质地	砂岩
原石情况	正面、背面、上侧面平整；下侧面、右侧面呈毛石状；左侧面靠正面部分凿斜纹，靠背面处呈毛石状。
所属墓群	
组合关系	
画面简述	画面分为上、下两格。上格为一座两层楼阁。一层屋内男女二人对坐，似在交谈。二层堆满了钱币（？）。下格犬逐兔。一树枝上悬挂一水壶，地下放置一罐、一斧。周围有四人执锄劳作，两只雀鸟觅食其间。
著录与文献	绥德汉画像石展览馆编，李贵龙、王建勤主编：《绥德汉代画像石》，西安：陕西人民美术出版社，2001年，190页，图121；曹世玉总编：《绥德文库——汉画像石卷》，北京：中国文史出版社，2004年，427页，图388。
出土/征集时间	1998年征集
收藏地	绥德县博物馆

编号	SSX-SD-198
时代	东汉
原收藏号	2401-273
出土地	中角乡白家山
原石尺寸	136×26×7
画面尺寸	114×20
质地	砂岩
原石情况	正面、背面、上侧面平整，下、左、右侧面呈毛石状。
所属墓群	
组合关系	
画面简述	阳刻菱形和圆组成的图案。
著录与文献	绥德汉画像石展览馆编，李贵龙、王建勤主编：《绥德汉代画像石》，西安：陕西人民美术出版社，2001年，66页，图29;曹世玉总编:《绥德文库——汉画像石卷》，北京：中国文史出版社，2004年，210页，图174。
出土/征集时间	1998年征集
收藏地	绥德县博物馆

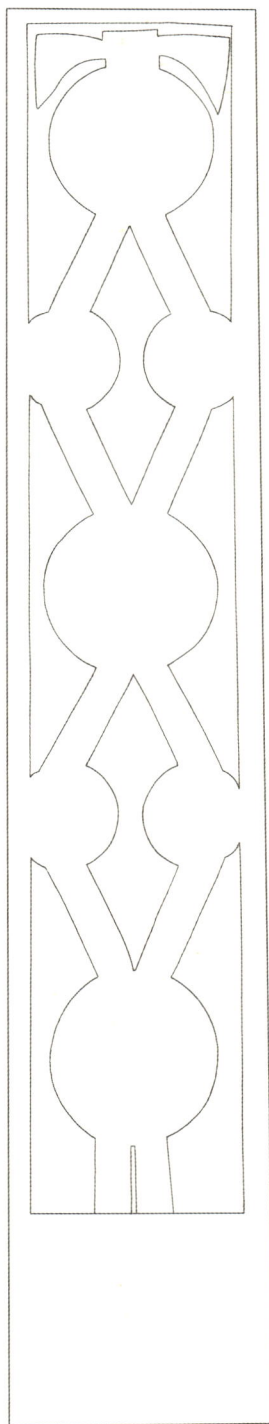

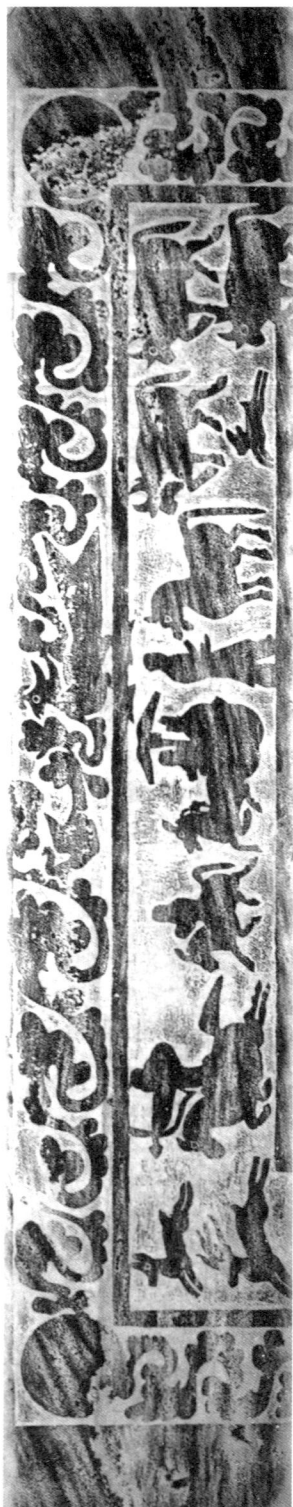

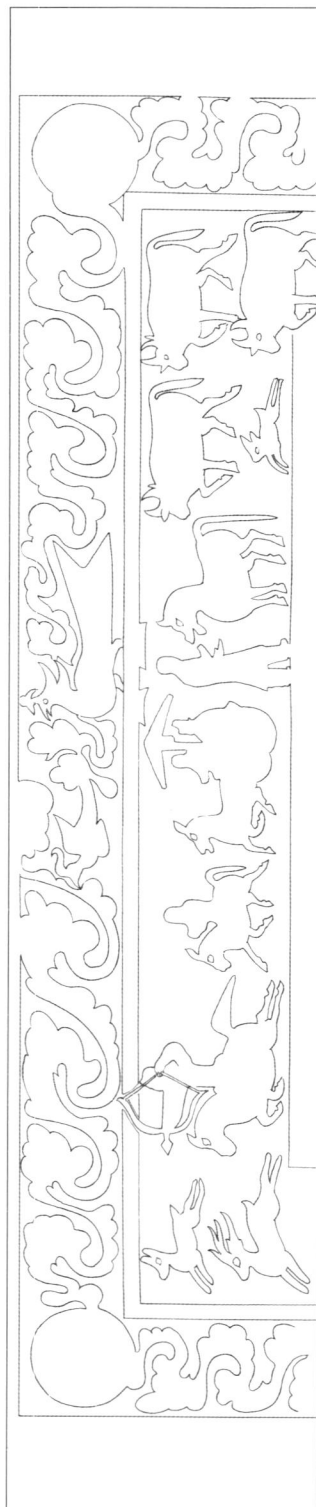

编号	SSX-SD-205
时代	东汉
原收藏号	不详
出土地	绥德境内
原石尺寸	179×36
画面尺寸	不详
质地	砂岩
原石情况	正面平整。
所属墓群	不详
组合关系	不详
画面简述	画面分为内、外两栏。外栏为卷云灵禽图。左、右两端阴刻圆形，象征日、月。卷云间穿插朱雀、凤鸟。内栏从左到右为狩猎图、车骑行进图、驯马图、牛群行进图。
著录与文献	陕西省博物馆、陕西省文物管理委员会合编：《陕北东汉画像石刻选集》，北京：文物出版社，1959年，90页，图82；李林、康兰英、赵力光：《陕北汉代画像石》，西安：陕西人民出版社，1995年，图434；汤池：《中国画像石全集5：陕西、山西汉画像石》，济南：山东美术出版社，2000年，图165；绥德汉画像石展览馆编、李贵龙、王建勤主编：《绥德汉代画像石》，西安：陕西人民美术出版社，2001年，142页，图76；曹世玉总编：《绥德文库——汉画像石卷》，北京：中国文史出版社，2004年，386页，图353。
出土/征集时间	1957年征集
收藏地	西安碑林博物馆

编号	SSX-SD-206
时代	东汉
原收藏号	不详
出土地	绥德境内
原石尺寸	91×32
画面尺寸	不详
质地	砂岩
原石情况	原石右段残佚。正面平整，右侧面为断面。
所属墓群	不详
组合关系	不详
画面简述	画面分为内、外两栏。外栏为卷云纹。卷云间有朱雀抖冠、大雁飞翔。内栏为车骑狩猎图。猎手已射中一鹿，野猪、黄羊奔逃。一辆无篷之车，中竖立旌麾，驭手执鞭拉缰，控驭飞奔的马。车主端坐于旌杆之后。
著录与文献	陕西省博物馆、陕西省文物管理委员会合编：《陕北东汉画像石刻选集》，北京：文物出版社，1959 年，93 页，图 86；李林、康兰英、赵力光：《陕北汉代画像石》，西安：陕西人民出版社，1995 年，图 458；绥德汉画像石展览馆编，李贵龙、王建勤主编：《绥德汉代画像石》，西安：陕西人民美术出版社，2001 年，143 页，图 76；曹世玉总编：《绥德文库——汉画像石卷》，北京：中国文史出版社，2004 年，387 页，图 355。
出土/征集时间	1957 年征集
收藏地	西安碑林博物馆

编号	SSX-SD-207
时代	东汉
原收藏号	不详
出土地	绥德境内
原石尺寸	110×34
画面尺寸	不详
质地	砂岩
原石情况	正面平整。
所属墓群	不详
组合关系	左门柱，与右门柱为二石组合。
画面简述	画面分为上、下两格。上格分为内、外两栏。外栏为绶带穿璧纹；内栏上为鸡首人身神端坐神树之巅，树干间有金乌、兔。下为一门吏戴帻着袍，持棨戟面门而立。下格为双层盘博山炉，炉盘内插两株瑞草。
著录与文献	李林、康兰英、赵力光：《陕北汉代画像石》，西安：陕西人民出版社，1995 年，图 506；绥德汉画像石展览馆编，李贵龙、王建勤主编：《绥德汉代画像石》，西安：陕西人民美术出版社，2001 年，179 页，图 110；曹世玉总编：《绥德文库——汉画像石卷》，北京：中国文史出版社，2004 年，408 页，图 372。
出土/征集时间	1957 年征集
收藏地	西安碑林博物馆

编号	SSX-SD-208-01
时代	东汉
原收藏号	不详
出土地	绥德境内
原石尺寸	125×34
画面尺寸	不详
质地	砂岩
原石情况	正面平整。
所属墓群	不详
组合关系	左门柱，与右门柱为二石组合。
画面简述	画面分为上、下两格。上格为东王公头戴王冠，臂背生翼，端坐于神树之上，顶有华盖。下格为一朱雀。羽人蹲于地，一手前伸，臀部下置一不明物。独角衔丹有翼怪兽和牛车。
著录与文献	陕西省博物馆、陕西省文物管理委员会合编：《陕北东汉画像石刻选集》，北京：文物出版社，1959年，109页，图111；李林、康兰英、赵力光：《陕北汉代画像石》，西安：陕西人民出版社，1995年，图564；绥德汉画像石展览馆编，李贵龙、王建勤主编：《绥德汉代画像石》，西安：陕西人民美术出版社，2001年，152页，图83；曹世玉总编：《绥德文库——汉画像石卷》，北京：中国文史出版社，2004年，390页，图356。
出土/征集时间	1957年征集
收藏地	西安碑林博物馆

编　号	SSX-SD-208-02
时　代	东汉
原收藏号	不详
出土地	绥德境内
原石尺寸	113×34
画面尺寸	不详
质　地	砂岩
原石情况	正面平整。
所属墓群	不详
组合关系	右门柱，与左门柱为二石组合。
画面简述	画面分为上、下两格。上格为西王母头戴王冠，臂背生翼，端坐于神树之上，顶有华盖。树干间有麒麟和朱雀。下格为朱鹭衔鱼。羽人蹲于地，一手前伸，臀部下置一不明物。独角衔丹有翼怪兽和牛车。
著录与文献	陕西省博物馆、陕西省文物管理委员会合编：《陕北东汉画像石刻选集》，北京：文物出版社，1959 年，109 页，图 112；李林、康兰英、赵力光：《陕北汉代画像石》，西安：陕西人民出版社，1995 年，图 565；绥德汉画像石展览馆编，李贵龙、王建勤主编：《绥德汉代画像石》，西安：陕西人民美术出版社，2001 年，152 页，图 83；曹世玉总编：《绥德文库——汉画像石卷》，北京：中国文史出版社，2004 年，390 页，图 357。
出土/征集时间	1957 年征集
收藏地	西安碑林博物馆

编号	SSX-SD-215
时代	东汉
原收藏号	不详
出土地	绥德境内
原石尺寸	121×30
画面尺寸	不详
质地	砂岩
原石情况	正面平整。
所属墓群	不详
组合关系	不详
画面简述	上为由菱形、∽形纹、折线组成的几何图案。下为一门吏持棨戟站立。门吏的眉毛、鼻阴线刻，眼睛分别为阳线刻和阴刻。门吏轮廓以阴线勾勒。
著录与文献	陕西省博物馆、陕西省文物管理委员会合编：《陕北东汉画像石刻选集》，北京：文物出版社，1959年，113页，图118；李林、康兰英、赵力光：《陕北汉代画像石》，西安：陕西人民出版社，1995年，图553；绥德汉画像石展览馆编，李贵龙、王建勤主编：《绥德汉代画像石》，西安：陕西人民美术出版社，2001年，185页，图116；曹世玉总编：《绥德文库——汉画像石卷》，北京：中国文史出版社，2004年，422页，图383。
出土/征集时间	1957年征集
收藏地	西安碑林博物馆

编　　号	SSX-SD-217
时　　代	东汉
原收藏号	不详
出 土 地	绥德境内
原石尺寸	116×52
画面尺寸	不详
质　　地	砂岩
原石情况	正面平整。
所属墓群	不详
组合关系	不详
画面简述	画面正中为覆盆式柱础、立柱，三层斗栱；柱左为羊群，柱右为执戟门吏；下部为牛耕图。二牛挽犁，农夫一手扬鞭，一手扶犁，驱使耕牛行进。身后一小孩手提一袋状物，似在播种。
著录与文献	李林、康兰英、赵力光：《陕北汉代画像石》，西安：陕西人民出版社，1995 年，图 554；汤池：《中国画像石全集 5：陕西、山西汉画像石》，济南：山东美术出版社，2000 年，图 107；曹世玉总编：《绥德文库——汉画像石卷》，北京：中国文史出版社，2004 年，470 页，图 431。
出土/征集时间	1962 年出土
收 藏 地	西安碑林博物馆

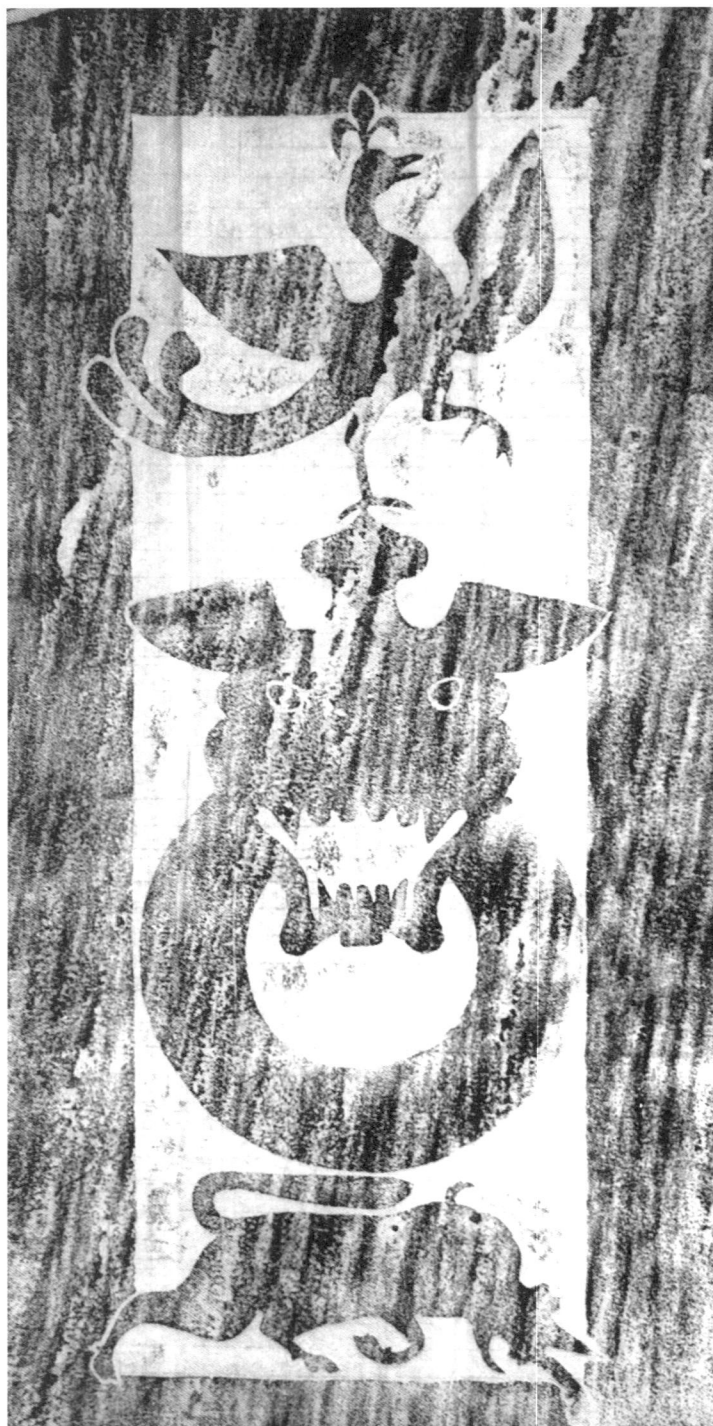

编号	SSX-SD-223-01
时代	东汉
原收藏号	不详
出土地	绥德境内
原石尺寸	96×50
画面尺寸	不详
质地	砂岩
原石情况	正面平整。
所属墓群	不详
组合关系	左门扉，与右门扉为二石组合。
画面简述	朱雀、铺首、独角兽。铺首的眼睛阴线刻画。
著录与文献	李林、康兰英、赵力光：《陕北汉代画像石》，西安：陕西人民出版社，1995年，图586；曹世玉总编：《绥德文库——汉画像石卷》，北京：中国文史出版社，2004年，485页，图448。
出土/征集时间	1963年征集
收藏地	西安碑林博物馆

编　号	SSX-SD-226
时　代	东汉
原收藏号	2380-252
出土地	绥德境内
原石尺寸	52×42×6
画面尺寸	51×30
质　地	砂岩
原石情况	原石下段残佚。正面、背面、上侧面平整；下侧面为断面；左侧面平整，凿斜纹；右侧面呈毛石状。
所属墓群	不详
组合关系	不详
画面简述	画面分为内、外两栏。外栏为卷云纹。内栏上似为东王公与仙人博弈于神树之上（残）。树干间有翼龙、仙鹿。下为执彗门吏。
著录与文献	未发表
出土/征集时间	1974 年征集
收藏地	绥德县博物馆

编号	SSX-SD-228-01
时代	东汉
原收藏号	2267-139
出土地	绥德境内
原石尺寸	129×39
画面尺寸	95×29
质地	砂岩
原石情况	正面、背面、上侧面、右侧面平整，下侧面、左侧面呈毛石状。
所属墓群	不详
组合关系	左门柱，与右门柱，左、右门扉为墓门面四石组合。
画面简述	画面分为上、下两格。上格分为内、外两栏。外栏为卷云鸟兽纹，卷云间穿插有翼鹿形兽、长颈鸟、鹿、羽人手按一虎、三角鹿形兽、熊；内栏上为东王公（西王母）端坐于神树之上，左右有玉兔、羽人跪侍，树干间有狐、鹿、飞鸟、瑞草。下为一门吏，戴平巾帻，着长襦大袴，拥彗面门而立。下格为玄武。
著录与文献	李林、康兰英、赵力光：《陕北汉代画像石》，西安：陕西人民出版社，1995年，图425；绥德汉画像石展览馆编，李贵龙、王建勤主编：《绥德汉代画像石》，西安：陕西人民美术出版社，2001年，166页，图97；曹世玉总编：《绥德文库——汉画像石卷》，北京：中国文史出版社，2004年，365页，图339。
出土/征集时间	1981年征集
收藏地	绥德县博物馆

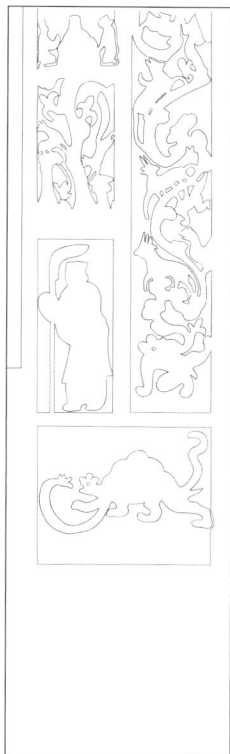

编号	SSX-SD-228-02
时代	东汉
原收藏号	2268-140
出土地	绥德境内
原石尺寸	129×41×6
画面尺寸	94×29
质地	砂岩
原石情况	正面、背面、上侧面平整；下侧面、右侧面呈毛石状；左侧面平整，凿人字纹。
所属墓群	不详
组合关系	右门柱，与左门柱，左、右门扉为墓门面四石组合。
画面简述	画面分为上、下两格。上格分为内、外两栏。外栏为卷云鸟兽纹，卷云间穿插有翼鹿形兽、长颈鸟、鹿、羽人手按一虎、三角鹿形兽、熊；内栏上为东王公（西王母）端坐于神树之上，左右有玉兔、羽人跪侍，树干间有狐、鹿、飞鸟、瑞草。下为一门吏，戴平巾帻，着长襦大袴，拥彗面门而立。下格为玄武。
著录与文献	李林、康兰英、赵力光：《陕北汉代画像石》，西安：陕西人民出版社，1995年，图428；绥德汉画像石展览馆编，李贵龙、王建勤主编：《绥德汉代画像石》，西安：陕西人民美术出版社，2001年，166页，图97；曹世玉总编：《绥德文库——汉画像石卷》，北京：中国文史出版社，2004年，365页，图340。
出土/征集时间	1981年征集
收藏地	绥德县博物馆
备注	左、右门柱使用同一模板制作。

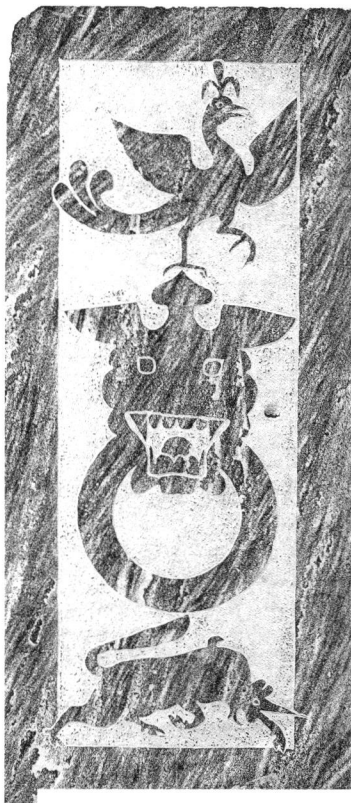

编号	SSX-SD-228-03
时代	东汉
原收藏号	2270-142
出土地	绥德境内
原石尺寸	117×53×5
画面尺寸	97×33
质地	砂岩
原石情况	正面、背面平整；上侧面靠正面 3 厘米处凿斜纹，靠背面处呈毛石状；下侧面靠正面 3 厘米处凿斜纹，靠背面处呈毛石状；左侧面凿斜纹；右面呈马蹄面，凿斜纹。
所属墓群	不详
组合关系	左门扉，与左、右门柱，右门扉为墓门面四石组合。
画面简述	朱雀、铺首、独角兽。朱雀、铺首、独角兽的眼睛阴线刻，铺首的口腔、舌、牙齿阳刻、阴线刻结合使用。
著录与文献	李林、康兰英、赵力光：《陕北汉代画像石》，西安：陕西人民出版社，1995 年，图 426；绥德汉画像石展览馆编，李贵龙、王建勤主编：《绥德汉代画像石》，西安：陕西人民美术出版社，2001 年，102 页，图 48；曹世玉总编：《绥德文库——汉画像石卷》，北京：中国文史出版社，2004 年，284 页，图 240。
出土/征集时间	1981 年征集
收藏地	绥德县博物馆

189

编号	SSX-SD-228-04
时代	东汉
原收藏号	2269-141
出土地	绥德境内
原石尺寸	118×52×5
画面尺寸	98×33
质地	砂岩
原石情况	正面、背面平整；上侧面靠正面3厘米处凿斜纹，靠背面处呈毛石状；下侧面靠正面3厘米处凿斜纹，靠背面处呈毛石状；左侧面平整；右面靠正面2.5厘米处凿斜纹，靠背面处平整。
所属墓群	不详
组合关系	右门扉，与左、右门柱，左门扉为墓门面四石组合。
画面简述	朱雀、铺首、独角兽。朱雀、铺首、独角兽的眼睛阴线刻，铺首的口腔、舌、牙齿阳刻、阴线刻结合使用。
著录与文献	李林、康兰英、赵力光：《陕北汉代画像石》，西安：陕西人民出版社，1995年，图427；绥德汉画像石展览馆编，李贵龙、王建勤主编：《绥德汉代画像石》，西安：陕西人民美术出版社，2001年，102页，图48;曹世玉总编：《绥德文库——汉画像石卷》，北京：中国文史出版社，2004年，284页，图241。
出土/征集时间	1981年征集
收藏地	绥德县博物馆
备注	左、右门扉使用同一模板制作。

编　号	SSX-SD-231
时　代	东汉
原收藏号	不详
出土地	绥德境内
原石尺寸	不详
画面尺寸	不详
质　地	砂岩
原石情况	原石右段残佚，正面平整。
所属墓群	不详
组合关系	不详
画面简述	画面分为内、外两栏。外栏为卷云纹。内栏为一辆辎车、一骑吏。
著录与文献	未发表
出土/征集时间	不详
收藏地	西安碑林博物馆

编号	SSX-SD-232
时代	东汉
原收藏号	不详
出土地	绥德境内
原石尺寸	不详
画面尺寸	不详
质地	砂岩
原石情况	原石右段残佚，正面平整。
所属墓群	不详
组合关系	不详
画面简述	画面分为内、外两栏。外栏为卷云纹，内栏为三骑吏。
著录与文献	未发表
出土/征集时间	不详
收藏地	西安碑林博物馆

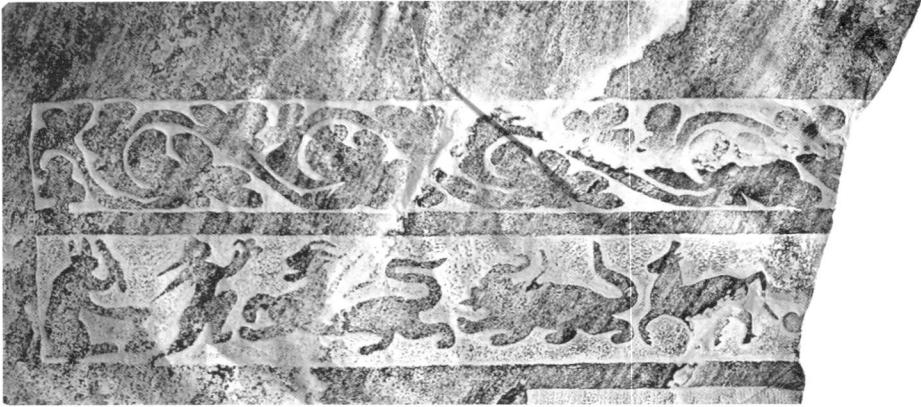

编号	SSX-SD-233
时代	东汉
原收藏号	不详
出土地	绥德境内
原石尺寸	不详
画面尺寸	不详
质地	砂岩
原石情况	原石右段残佚，正面平整。
所属墓群	不详
组合关系	不详
画面简述	画面分为上、下两栏。上栏为卷云纹。下栏为玉兔捣药、羽人捧瑞草、双角翼龙、独角翼龙、麒麟。
著录与文献	未发表
出土/征集时间	不详
收藏地	西安碑林博物馆

编号	SSX-SD-235-01
时代	东汉
原收藏号	不详
出土地	绥德境内
原石尺寸	117×29
画面尺寸	不详
质地	砂岩
原石情况	正面平整。
所属墓群	不详
组合关系	左门柱，与右门柱为二石组合。
画面简述	画面分为上、下两格。上为折线纹、菱形纹及 S 形勾连纹组成的几何图案。下格为玄武。
著录与文献	李林、康兰英、赵力光：《陕北汉代画像石》，西安：陕西人民出版社，1995 年，图 508；绥德汉画像石展览馆编，李贵龙、王建勤主编《绥德汉代画像石》，西安：陕西人民美术出版社，2001 年，180 页，图 111；曹世玉总编：《绥德文库——汉画像石卷》，北京：中国文史出版社，2004 年，413 页，图 376。
出土/征集时间	不详
收藏地	西安碑林博物馆

编号	SSX-SD-235-02
时代	东汉
原收藏号	不详
出土地	绥德境内
原石尺寸	117×29
画面尺寸	不详
质地	砂岩
原石情况	正面平整。
所属墓群	不详
组合关系	右门柱，与左门柱为二石组合。
画面简述	画面分为上、下两格。上为折线纹、菱形纹及 S 形勾连纹组成的几何图案。下为玄武。
著录与文献	李林、康兰英、赵力光：《陕北汉代画像石》，西安：陕西人民出版社，1995 年，图 509；绥德汉画像石展览馆编，李贵龙、王建勤主编：《绥德汉代画像石》，西安：陕西人民美术出版社，2001 年，180 页，图 111；曹世玉总编：《绥德文库——汉画像石卷》，北京：中国文史出版社，2004 年，413 页，图 377。
出土/征集时间	不详
收藏地	西安碑林博物馆

编号	SSX-SD-236
时代	东汉
原收藏号	不详
出土地	绥德境内
原石尺寸	不详
画面尺寸	不详
质地	砂岩
原石情况	正面平整。
所属墓群	不详
组合关系	不详
画面简述	忍冬纹。
著录与文献	未发表
出土/征集时间	不详
收藏地	西安碑林博物馆

编号	SSX-SD-237
时代	东汉
原收藏号	不详
出土地	绥德境内
原石尺寸	不详
画面尺寸	不详
质地	砂岩
原石情况	正面平整。
所属墓群	不详
组合关系	不详
画面简述	忍冬纹。
著录与文献	未发表
出土/征集时间	不详
收藏地	西安碑林博物馆

编号	SSX-SD-238
时代	东汉
原收藏号	无
出土地	绥德境内
原石尺寸	64×21×9
画面尺寸	42×13
质地	砂岩
原石情况	原石下段残佚。正面平整；左端减地宽9厘米，深1厘米，背面平整；上侧面呈毛石状；右侧面呈毛石状；下侧面为断面；左侧面、右侧面呈毛石状。
所属墓群	不详
组合关系	不详
画面简述	卷云纹。
著录与文献	未发表
出土/征集时间	不详
收藏地	绥德县博物馆

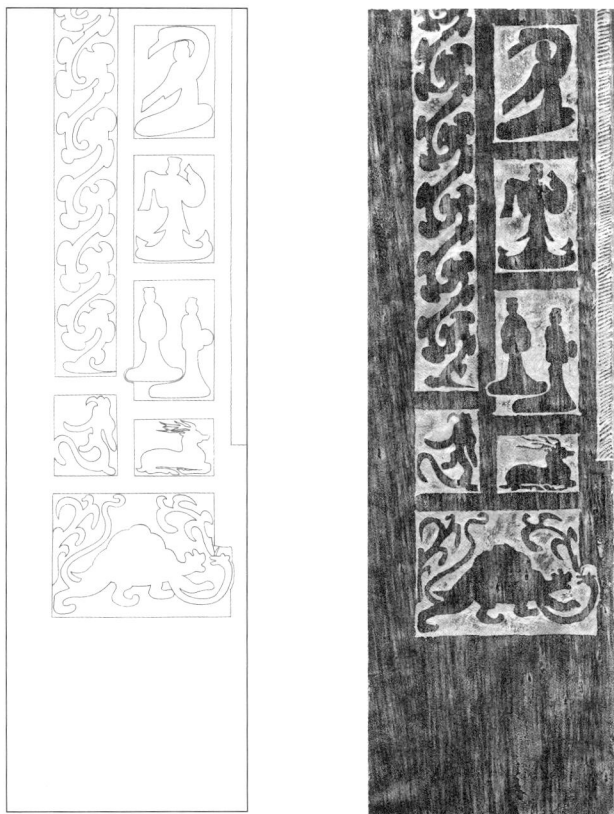

编号	SSX-SD-239
时代	东汉
原收藏号	无
出土地	绥德境内
原石尺寸	120×35×8
画面尺寸	90×23
质地	砂岩
原石情况	正面、背面、上侧面、下侧面平整；左侧面平整，凿斜纹；右侧面平整，凿人字纹。
所属墓群	不详
组合关系	不详
画面简述	画面分为上、下两格。上格分为内、外两栏。外栏上为卷云纹，下为人身蛇尾神。内栏自上而下分为四格。第一格：舞伎头梳圆髻，着拖地长裙，挥臂跳长袖舞。第二格：舞伎头梳圆髻，着袿衣，挥袖而舞。第三格：两妇人着拖地长裙，拥袖站立。第四格：卧鹿。下格为玄武。
著录与文献	未发表
出土/征集时间	不详
收藏地	绥德县博物馆

编号	SSX-SD-240
时代	东汉
原收藏号	不详
出土地	绥德境内
原石尺寸	不详
画面尺寸	不详
质地	砂岩
原石情况	原石下段残佚，正面平整。
所属墓群	不详
组合关系	不详
画面简述	画面分为内、外两栏。外栏为卷云鸟兽纹。卷云间有鹿形兽、长颈鸟、鹿、六腿怪兽、羽人。内栏为东王公（？）端坐于神树之上，左、右有玉兔、羽人跪侍。树干间有狐、鹿、长尾鸟。
著录与文献	未发表
出土/征集时间	不详
收藏地	西安碑林博物馆

编号	SSX-SD-241
时代	东汉
原收藏号	无
出土地	绥德境内
原石尺寸	88×36×11
画面尺寸	46×26
质地	砂岩
原石情况	原石上段残佚。正面平整，剥蚀严重；上侧面为断面，下侧面呈毛石状；左、右侧面平整，凿人字纹。
所属墓群	不详
组合关系	不详
画面简述	画面分上、下两格。上格分内、外两栏。外栏为卷云纹。下格为玄武。
著录与文献	未发表
出土/征集时间	不详
收藏地	绥德县博物馆

编号	SSX-SD-242
时代	东汉
原收藏号	不详
出土地	绥德境内
原石尺寸	不详
画面尺寸	不详
质地	砂岩
原石情况	原石上段残佚，正面平整。
所属墓群	不详
组合关系	不详
画面简述	画面正中有覆盆式柱础、柱。柱两边均为人物聚会图，左上一人戴冠着袍荷剑站立，伸手作讲述状，身后一小吏持拐杖站立。左下两人戴冠着袍，拥袖面右站立；右上两人站立，一人荷剑，一人执不明物。右下两人戴冠着袍，拥袖面左站立。
著录与文献	未发表
出土/征集时间	不详
收藏地	西安碑林博物馆

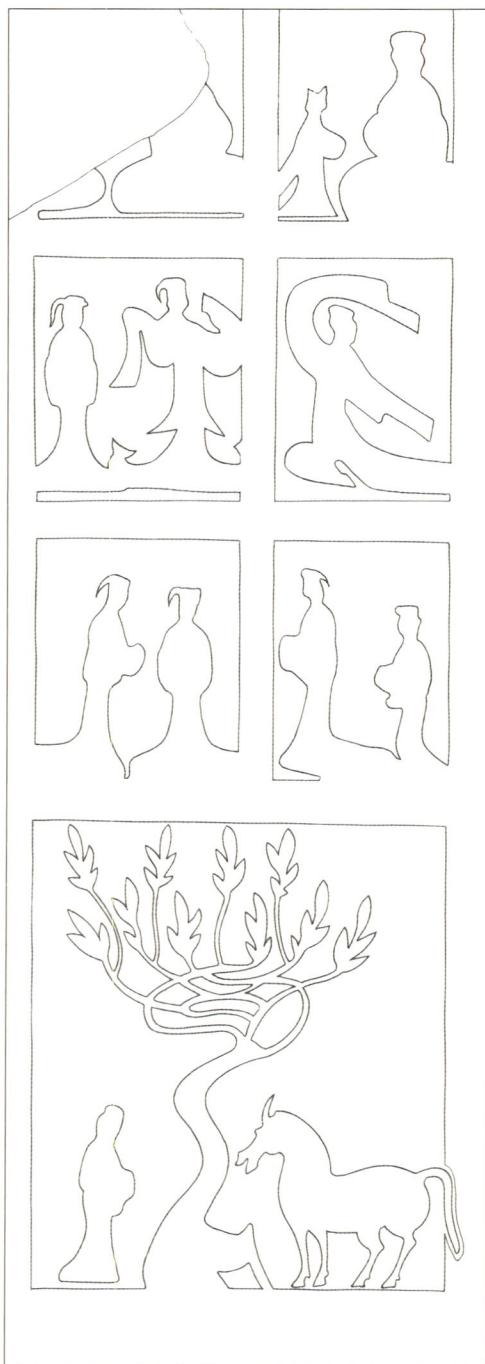

编号	SSX-SD-243
时代	东汉
原收藏号	不详
出土地	绥德境内
原石尺寸	103×35
画面尺寸	不详
质地	砂岩
原石情况	正面平整，左上角剥蚀。
所属墓群	不详
组合关系	不详
画面简述	画面自上而下分为四格。一至三格虽中间分栏但画面内容相互关联。第一格：右一人头梳圆髻，着袍袖手端坐。左似为一人着袍端坐（原石残）。两人旁边有仆人站立、跪侍。第二格：左一舞伎头梳垂髻，身着褂衣，挥袖而舞。身后一人头梳垂髻，身着拖地长裙，袖手站立观看。右一舞伎着拖地长裙，挥舞衣袖，跳长袖舞。第三格：三名头梳垂髻，身着拖地长裙的妇人对面袖手站立，似在对语。右有一人捧物站立伺奉。第四格：枝繁叶茂的树下一马伫立于马槽前，一人着袍拥袖站立。
著录与文献	绥德汉画像石展览馆编，李贵龙、王建勤主编：《绥德汉代画像石》，西安：陕西人民美术出版社，2001年，184页，图115;曹世玉总编：《绥德文库——汉画像石卷》，北京：中国文史出版社，2004年，416页，图378。
出土/征集时间	不详
收藏地	西安碑林博物馆

编号	SSX-SD-160-01
时代	东汉
原收藏号	不详
出土地	张家砭乡五里店
原石尺寸	114×36
画面尺寸	不详
质地	砂岩
原石情况	正面平整。
所属墓群	不详
组合关系	左门柱，与右门柱为二石组合。
画面简述	画面分为上、下两格。上格分为内、外两栏。外栏为卷云纹。内栏上为牛首有翼人身神端坐神树之巅，树干间有立鸟、狐。下为一头梳圆髻、身着拖地长裙的妇人拥袖面右而立。下格一辆轺车停立。驭手戴帻巾，伸手作控缰状，车上一人戴进贤冠端坐。
著录与文献	李林、康兰英、赵力光：《陕北汉代画像石》，西安：陕西人民出版社，1995年，图500；曹世玉总编：《绥德文库——汉画像石卷》，北京：中国文史出版社，2004年，460页，图419。
出土/征集时间	1957年征集
收藏地	西安碑林博物馆

编号	SSX-SD-160-02
时代	东汉
原收藏号	不详
出土地	张家砭乡五里店
原石尺寸	65×36
画面尺寸	不详
质地	砂岩
原石情况	原石下段残佚。正面平整，下侧面为断面。
所属墓群	不详
组合关系	右门柱，与左门柱为二石组合。
画面简述	画面分为内、外两栏。外栏为卷云纹。内栏上为鸡首人身神端坐神树之巅，树干间有立鸟、狐。下为一门吏戴帻着长襦大袴，持棨戟面门而立。
著录与文献	陕西省博物馆、陕西省文物管理委员会合编：《陕北东汉画像石刻选集》，北京：文物出版社，1959年，102页，图99；李林、康兰英、赵力光：《陕北汉代画像石》，西安：陕西人民出版社，1995年，图501；曹世玉总编：《绥德文库——汉画像石卷》，北京：中国文史出版社，2004年，460页，图420。
出土/征集时间	1957年征集
收藏地	西安碑林博物馆

编号	SSX-SD-161-01
时代	东汉
原收藏号	不详
出土地	张家砭乡五里店
原石尺寸	109×38
画面尺寸	不详
质地	砂岩
原石情况	正面平整。
所属墓群	不详
组合关系	左门柱，与右门柱为二石组合。
画面简述	画面分为内、外两栏。外栏为卷云纹。内栏上为西王母头戴胜仗，端坐神树之巅，左、右有玉兔和羽人跪侍。树干间有立鸟、狐。下为一门吏戴冠着官服，腰荷长剑，垂吊绶带，手捧简牍，面门恭立拜谒。
著录与文献	李林、康兰英、赵力光：《陕北汉代画像石》，西安：陕西人民出版社，1995年，图498；绥德汉画像石展览馆编，李贵龙、王建勤主编：《绥德汉代画像石》，西安：陕西人民美术出版社，2001年，157页，图88；曹世玉总编：《绥德文库——汉画像石卷》，北京：中国文史出版社，2004年，395页，图362。
出土/征集时间	1957年征集
收藏地	西安碑林博物馆

编号	SSX-SD-161-02
时代	东汉
原收藏号	不详
出土地	张家砭乡五里店
原石尺寸	109×38
画面尺寸	不详
质地	砂岩
原石情况	正面平整。
所属墓群	不详
组合关系	右门柱，与左门柱为二石组合。
画面简述	画面分为内、外两栏。外栏为卷云纹。内栏上为西王母头戴胜仗，端坐于卷云之上，左、右有玉兔和羽人跪侍。卷云间有立鸟、狐。下为一门吏身材矮小，戴帻着袍，拥彗面门而立。
著录与文献	陕西省博物馆、陕西省文物管理委员会合编：《陕北东汉画像石刻选集》，北京：文物出版社，1959年，113页，图117；李林、康兰英、赵力光：《陕北汉代画像石》，西安：陕西人民出版社，1995年，图499；绥德汉画像石展览馆编，李贵龙、王建勤主编：《绥德汉代画像石》，西安：陕西人民美术出版社，2001年，157页，图88；曹世玉总编：《绥德文库——汉画像石卷》，北京：中国文史出版社，2004年，395页，图363。
出土/征集时间	1957年征集
收藏地	西安碑林博物馆

编号	SSX-SD-162-01
时代	东汉
原收藏号	不详
出土地	张家砭乡五里店
原石尺寸	117×52
画面尺寸	不详
质地	砂岩
原石情况	正面平整。
所属墓群	不详
组合关系	左门扉，与右门扉为墓门面二石组合。
画面简述	朱雀、铺首、独角兽。朱雀、独角兽的眼睛，铺首的眼眉阴线刻画，口腔阴刻。画面补白卷云和瑞草。
著录与文献	陕西省博物馆、陕西省文物管理委员会合编：《陕北东汉画像石刻选集》，北京：文物出版社，1959年，106页，图106；李林、康兰英、赵力光：《陕北汉代画像石》，西安：陕西人民出版社，1995年，图582；绥德汉画像石展览馆编，李贵龙、王建勤主编：《绥德汉代画像石》，西安：陕西人民美术出版社，2001年，106页，图56；曹世玉总编：《绥德文库——汉画像石卷》，北京：中国文史出版社，2004年，349页，图322。
出土/征集时间	1957年征集
收藏地	西安碑林博物馆

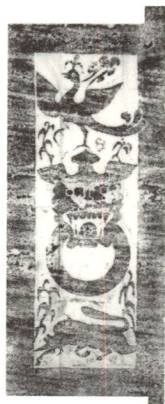

编号	SSX-SD-162-02
时代	东汉
原收藏号	不详
出土地	张家砭乡五里店
原石尺寸	117×50
画面尺寸	不详
质地	砂岩
原石情况	正面平整，其余侧面不详。
所属墓群	不详
组合关系	右门扉，与左门扉为墓门面二石组合。
画面简述	朱雀、铺首、独角兽。朱雀、独角兽的眼睛，铺首的眼眉阴线刻画，口腔阴刻。画面补白卷云和瑞草。
著录与文献	陕西省博物馆、陕西省文物管理委员会合编：《陕北东汉画像石刻选集》，北京：文物出版社，1959年，106页，图107；李林、康兰英、赵力光：《陕北汉代画像石》，西安：陕西人民出版社，1995年，图583；绥德汉画像石展览馆编，李贵龙、王建勤主编：《绥德汉代画像石》，西安：陕西人民美术出版社，2001年，106页，图56；曹世玉总编：《绥德文库——汉画像石卷》，北京：中国文史出版社，2004年，349页，图323。
出土/征集时间	1957年征集
收藏地	西安碑林博物馆

编号	SSX-SD-165
时代	东汉
原收藏号	不详
出土地	张家砭乡五里店
原石尺寸	112×49
画面尺寸	不详
质地	砂岩
原石情况	正面平整。
所属墓群	不详
组合关系	不详
画面简述	朱雀、铺首、独角兽。
著录与文献	李林、康兰英、赵力光：《陕北汉代画像石》，西安：陕西人民出版社，1995 年，图 584；曹世玉总编：《绥德文库——汉画像石卷》，北京：中国文史出版社，2004 年，484 页，图 446。
出土/征集时间	1957 年征集
收藏地	西安碑林博物馆
备注	墓门石

编号	SSX-SD-166
时代	东汉
原收藏号	不详
出土地	张家砭乡五里店
原石尺寸	88×50
画面尺寸	不详
质地	砂岩
原石情况	原石下段残佚。正面平整，下侧面为断面。
所属墓群	不详
组合关系	不详
画面简述	朱雀、铺首衔环。朱雀的眼睛、铺首的眼眉阴线刻画，铺首的口腔阴刻。
著录与文献	陕西省博物馆、陕西省文物管理委员会合编：《陕北东汉画像石刻选集》，北京：文物出版社，1959 年，107 页，图 109；李林、康兰英、赵力光：《陕北汉代画像石》，西安：陕西人民出版社，1995 年，图 585；曹世玉总编：《绥德文库——汉画像石卷》，北京：中国文史出版社，2004 年，484 页，图 447。
出土/征集时间	1957 年征集
收藏地	西安碑林博物馆
备注	墓门石

编号	SSX-SD-167
时代	东汉
原收藏号	不详
出土地	张家砭乡五里店
原石尺寸	318×30
画面尺寸	不详
质地	砂岩
原石情况	正面平整。
所属墓群	不详
组合关系	不详
画面简述	画面分为上、下两栏。上栏左边为三兽；中间画面分为三组。从左到右第一组：秘戏图。一对男女坐于榻上，两手相握。室外左一人戴进贤冠，着袍站立，右门扉外站立一人。第二组：一人端坐于榻上，左右有仆役侍奉。室外亦有人站立。第三组：男女两人坐于几前，几上放置酒具，似在饮酒。室外拴一马，一人站立。右为狩猎图。一骑吏随同一辆辎车行进。两猎手追射奔逃的鹿、狐等。下栏为车骑出行图。左边四辆马车行进，其中一辆似为屏车，后一徒手骑吏相随。中间两人站于一立柱旁，捧牍恭迎前来的一辆马车，接着驶来的两辆马车前均有捧牍人恭迎。右边是两徒手骑吏导从的一辆马车。最后是三匹马并排奔驰。
著录与文献	李林、康兰英、赵力光：《陕北汉代画像石》，西安：陕西人民出版社，1995年，图496。
出土/征集时间	1957年征集
收藏地	西安碑林博物馆

编号	SSX-SD-199
时代	东汉
原收藏号	不详
出土地	中角乡卜家沟
原石尺寸	37×192
画面尺寸	不详
质地	砂岩
原石情况	正面平整。
所属墓群	不详
组合关系	不详
画面简述	画面分为内、外两栏。外栏为卷云纹。内栏为车骑狩猎图。左三名猎手张弓围射拼命逃命的鹿、狐、翼虎、野羊等，一兔已中箭。右一辆轺车，一辆屏车在四名骑吏的导从下奔驰。屏车后一羽人骑羊仁立。
著录与文献	李林、康兰英、赵力光：《陕北汉代画像石》，西安：陕西人民出版社，1995年，图471；曹世玉总编：《绥德文库——汉画像石卷》，北京：中国文史出版社，2004年，488页，图454。
出土/征集时间	1990年征集
收藏地	陕西历史博物馆

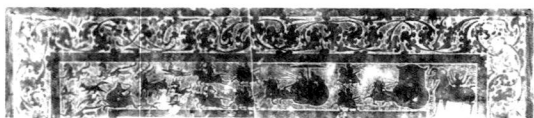

编号	SSX-SD-200
时代	东汉
原收藏号	不详
出土地	绥德境内
原石尺寸	184×39
画面尺寸	不详
质地	砂岩
原石情况	原石右段残佚，左、上、下角残损。正面平整。
所属墓群	不详
组合关系	不详
画面简述	画面分为内、外两栏。外栏为卷云纹，左端阳刻一圆，是为日（月）轮。其下的卷云间一羽人站立。内栏左为狩猎图。两猎手张弓围射奔逃的鹿、野黄羊等；中间为一辆辎车前行，一骑吏前导；右端残失，仅见一建筑的半边，内有一人面右行走，建筑外立单阙。
著录与文献	陕西省博物馆、陕西省文物管理委员会合编：《陕北东汉画像石刻选集》，北京：文物出版社，1959年，88页，图80；李林、康兰英、赵力光：《陕北汉代画像石》，西安：陕西人民出版社，1995年，图456；汤池：《中国画像石全集5：陕西、山西汉画像石》，济南：山东美术出版社，2000年，图167；曹世玉总编：《绥德文库——汉画像石卷》，北京：中国文史出版社，2004年，488页，图452。
出土/征集时间	1957年征集
收藏地	西安碑林博物馆

编号	SSX-SD-201
时代	东汉
原收藏号	不详
出土地	绥德境内
原石尺寸	187×37
画面尺寸	不详
质地	砂岩
原石情况	正面平整。
所属墓群	不详
组合关系	不详
画面简述	画面分为内、外两栏。外栏为卷云鸟兽纹，左、右两端各阳刻一圆形，左圆内阴线刻蟾蜍，应为月亮。右圆内阴线刻金乌，是为太阳。卷云中穿插仙鹤、长尾怪兽、玉兔捣药、羽人、独角兽、朱雀、鹳鸟、鹿、狐。内栏左为一猎手射熊；中间为历史故事"荆轲刺秦王"。柱左秦王右手执剑，呈"还柱走，卒惶急"状。一持折尺状旌（节？）者被吓得跌倒在地。柱右御医夏无且拦腰抱住荆轲。地面放置装樊于期首级的函。秦舞阳匍匐于地。右有一猎手射虎。左有一猎手射熊。
著录与文献	陕西省博物馆、陕西省文物管理委员会合编：《陕北东汉画像石刻选集》，北京：文物出版社，1959年，94页，图88。
出土/征集时间	1957年征集
收藏地	西安碑林博物馆

编号	SSX-SD-202
时代	东汉
原收藏号	不详
出土地	绥德境内
原石尺寸	180×33
画面尺寸	不详
质地	砂岩
原石情况	正面平整。
所属墓群	不详
组合关系	不详
画面简述	画面分为内、外两栏。外栏为绶带穿璧纹。内栏为灵禽瑞兽图。从左到右为人面鸟、奔狐、奔兔、朱鹭衔鱼、翼虎、翼龙、羽人骑鹿、天马。
著录与文献	陕西省博物馆、陕西省文物管理委员会合编：《陕北东汉画像石刻选集》，北京：文物出版社，1959年，87页，图79；李林、康兰英、赵力光：《陕北汉代画像石》，西安：陕西人民出版社，1995年，图441；曹世玉总编：《绥德文库——汉画像石卷》，北京：中国文史出版社，2004年，456页，图416。
出土/征集时间	1957年征集
收藏地	西安碑林博物馆

编号	SSX-SD-203
时代	东汉
原收藏号	不详
出土地	绥德境内
原石尺寸	60×35
画面尺寸	不详
质地	砂岩
原石情况	原石左段残佚。正面平整，左侧面为断面。
所属墓群	不详
组合关系	不详
画面简述	画面分为内、外两栏。外栏为卷云纹，右端为日（月）轮。内栏为灵禽瑞兽图。有白虎、双头鹿、玉兔捣药、卧鹿、狐。瑞兽间均有高大的瑞草生长。
著录与文献	陕西省博物馆、陕西省文物管理委员会合编：《陕北东汉画像石刻选集》，北京：文物出版社，1959年，94页，图87。
出土/征集时间	1957年征集
收藏地	西安碑林博物馆

编号	SSX-SD-204
时代	东汉
原收藏号	不详
出土地	绥德境内
原石尺寸	37×194
画面尺寸	不详
质地	砂岩
原石情况	正面平整。
所属墓群	不详
组合关系	不详
画面简述	画面分为内、外两栏。外栏为卷云鸟兽纹，两端各阳刻一圆形，象征日、月。卷云中穿插九尾狐、仙鹤、雀鸟、朱雀、青龙、长尾鸟、奔兔。内栏为狩猎图。六名猎手围射惊慌逃命的虎、鹿、兔、野黄羊。
著录与文献	李林、康兰英、赵力光：《陕北汉代画像石》，西安：陕西人民出版社，1995年，图449；曹世玉总编：《绥德文库——汉画像石卷》，北京：中国文史出版社，2004年，462页，图422。
出土/征集时间	1957年征集
收藏地	西安碑林博物馆

编号	SSX-SD-207-02
时代	东汉
原收藏号	不详
出土地	绥德境内
原石尺寸	72×38
画面尺寸	不详
质地	砂岩
原石情况	原石下端边栏部分残损。正面平整，下侧面为断面。
所属墓群	不详
组合关系	右门柱，与左门柱为二石组合。
画面简述	画面分为上、下两格。上格分为内、外两栏。外栏为绶带穿璧纹；内栏上为牛首人身神端坐神树之巅，树干间有立鸟、兔。下为一门吏戴帻着袍，持棨戟面门而立。下格为博山炉。
著录与文献	陕西省博物馆、陕西省文物管理委员会合编：《陕北东汉画像石刻选集》，北京：文物出版社，1959年，102页，图100；李林、康兰英、赵力光：《陕北汉代画像石》，西安：陕西人民出版社，1995年，图507；绥德汉画像石展览馆编，李贵龙、王建勤主编：《绥德汉代画像石》，西安：陕西人民美术出版社，2001年，179页，图110；曹世玉总编：《绥德文库——汉画像石卷》，北京：中国文史出版社，2004年，408页，图373。
出土/征集时间	1957年征集
收藏地	西安碑林博物馆

编号	SSX-SD-209
时代	东汉
原收藏号	不详
出土地	绥德境内
原石尺寸	114×38
画面尺寸	不详
质地	砂岩
原石情况	正面平整。
所属墓群	不详
组合关系	不详
画面简述	画面分为上、下两格。上格分为内、外两栏。外栏为卷云纹。内栏上为牛首人身神坐于神树之上，树干间有狐、乌。下为一妇人梳圆髻，着拖地长裙，面右站立。下格一辆轺车停立，车内有驭手和车主静坐。
著录与文献	陕西省博物馆、陕西省文物管理委员会合编：《陕北东汉画像石刻选集》，北京：文物出版社，1959年，101页，图97。
出土/征集时间	1957年征集
收藏地	西安碑林博物馆

编号	SSX-SD-210
时代	东汉
原收藏号	不详
出土地	绥德境内
原石尺寸	128×34
画面尺寸	不详
质地	砂岩
原石情况	正面平整。
所属墓群	不详
组合关系	不详
画面简述	画面分为上、下两格。上格分为内、外两栏。外栏为绶带穿璧纹。内栏上为牛首人身神端坐神树之上，树干间有狐、兔。下一人戴冠着袍，手执简牍站立。下格为奔马和奔狐。
著录与文献	陕西省博物馆、陕西省文物管理委员会合编：《陕北东汉画像石刻选集》，北京：文物出版社，1959年，97页，图92；李林、康兰英、赵力光：《陕北汉代画像石》，西安：陕西人民出版社，1995年，图531；绥德汉画像石展览馆编、李贵龙、王建勤主编：《绥德汉代画像石》，西安：陕西人民美术出版社，2001年，178页，图109；曹世玉总编：《绥德文库——汉画像石卷》，北京：中国文史出版社，2004年，405页，图371。
出土/征集时间	1957年征集
收藏地	西安碑林博物馆

编号　　　SSX-SD-211
时代　　　东汉
原收藏号　不详
出土地　　绥德境内
原石尺寸　118×36
画面尺寸　不详
质地　　　砂岩
原石情况　正面平整。
所属墓群　不详
组合关系　不详
画面简述　画面分为上、下两格。上格分为内、外两栏。外栏为卷云纹。内栏
　　　　　自上而下分三格。第一格：一人戴冠着袍，袖手站立于瑞草旁。第
　　　　　二格：一人戴冠着袍，伸一手站立于瑞草旁。第三格：拥彗门吏面
　　　　　门而立。下格一马仁立，一人一手执勾铲，一手拿箕，作清除马粪状。
著录与文献　陕西省博物馆、陕西省文物管理委员会合编：《陕北东汉画像石刻选集》，北京：文物
　　　　　出版社，1959 年，96 页，图 90。
出土/征集时间　1957 年征集
收藏地　　西安碑林博物馆

编号　　　SSX-SD-212
时代　　　东汉
原收藏号　不详
出土地　　绥德境内
原石尺寸　122×33
画面尺寸　不详
质地　　　砂岩
原石情况　正面平整。
所属墓群　不详
组合关系　不详
画面简述　画面分为内、外两栏。外栏为卷云纹。卷云间有奔马、倒照鹿；内栏
　　　　　上为东王公（西王母？）坐于神树之巅，上有华盖，面前有羽人持献
　　　　　一物。树干间有仙鹤、麒麟。下一吏着官袍荷剑而立。
著录与文献　陕西省博物馆、陕西省文物管理委员会合编：《陕北东汉画像石刻选集》，
　　　　　北京：文物出版社，1959 年，104 页，图 103；李林、康兰英、赵力光：
　　　　　《陕北汉代画像石》，西安：陕西人民出版社，1995 年，图 548；绥德汉画像石展览馆编，
　　　　　李贵龙、王建勤主编：《绥德汉代画像石》，西安：陕西人民美术出版社，2001 年，161 页，
　　　　　图 92；曹世玉总编：《绥德文库——汉画像石卷》，北京：中国文史出版社，2004 年，
　　　　　401 页，图 366。
出土/征集时间　1957 年征集
收藏地　　西安碑林博物馆

227

编号	SSX-SD-213
时代	东汉
原收藏号	不详
出土地	绥德境内
原石尺寸	117×34
画面尺寸	不详
质地	砂岩
原石情况	正面平整。
所属墓群	不详
组合关系	不详
画面简述	画面分为上、下两格。上格分为内、外两栏。外栏为卷云纹；内栏上为西王母端坐于神树之巅，左、右有玉兔、羽人跪侍。树干间有瑞草、狐、鹿、鸟。下为持棨戟门吏面门而立。下格为玄武。
著录与文献	陕西省博物馆、陕西省文物管理委员会合编：《陕北东汉画像石刻选集》，北京：文物出版社，1959年，103页，图101；李林、康兰英、赵力光：《陕北汉代画像石》，西安：陕西人民出版社，1995年，图541；曹世玉总编：《绥德文库——汉画像石卷》，北京：中国文史出版社，2004年，476页，图437。
出土/征集时间	1957年征集
收藏地	西安碑林博物馆

编号	SSX-SD-214
时代	东汉
原收藏号	不详
出土地	绥德境内
原石尺寸	105×38
画面尺寸	不详
质地	砂岩
原石情况	正面平整。
所属墓群	不详
组合关系	不详
画面简述	画面分为上、下两格。上格分为内、外两栏。外栏为卷云鸟兽纹。卷云间穿插双头朱雀、龙、飞鸟、双头鹿、长尾怪兽、衔卷云怪兽；内栏上为牛首人身神端坐于神树之巅，树干间有怪兽、飞鸟、立鸟、瑞草。下为执彗门吏，其脚下一猪作奔跑状。下格一马拴于边框上。
著录与文献	陕西省博物馆、陕西省文物管理委员会合编：《陕北东汉画像石刻选集》，北京：文物出版社，1959年，98页，图93；李林、康兰英、赵力光：《陕北汉代画像石》，西安：陕西人民出版社，1995年，图542；绥德汉画像石展览馆编、李贵龙、王建勤主编：《绥德汉代画像石》，西安：陕西人民美术出版社，2001年，155页，图86；曹世玉总编：《绥德文库——汉画像石卷》，北京：中国文史出版社，2004年，394页，图360。
出土/征集时间	1957年征集
收藏地	西安碑林博物馆

编号	SSX-SD-216
时代	东汉
原收藏号	不详
出土地	绥德境内
原石尺寸	117×52
画面尺寸	不详
质地	砂岩
原石情况	正面平整。
所属墓群	不详
组合关系	不详
画面简述	朱雀、铺首、独角兽。补白卷云和瑞草。朱雀的眼，铺首的眼、眉、鼻，独角兽的眼用阴线刻画。
著录与文献	陕西省博物馆、陕西省文物管理委员会合编：《陕北东汉画像石刻选集》，北京：文物出版社，1959年，106页，图106。
出土/征集时间	1957年征集
收藏地	西安碑林博物馆

编号	SSX-SD-218
时代	东汉
原收藏号	不详
出土地	绥德境内
原石尺寸	39×167
画面尺寸	不详
质地	砂岩
原石情况	正面平整。
所属墓群	不详
组合关系	不详
画面简述	画面分内、外两栏。外栏为卷云纹。左、右两端各阳刻一圆形，象征日、月。内栏为一龙从边框腾出、翼龙、翼虎、麒麟、带翼神兽、瑞草、朱雀、凤鸟。
著录与文献	李林、康兰英、赵力光：《陕北汉代画像石》，西安：陕西人民出版社，1995年，图448；曹世玉总编：《绥德文库——汉画像石卷》，北京：中国文史出版社，2004年，462页，图421。
出土/征集时间	1963年征集
收藏地	西安碑林博物馆

编号	SSX-SD-219
时代	东汉
原收藏号	不详
出土地	绥德境内
原石尺寸	170×36
画面尺寸	不详
质地	砂岩
原石情况	正面平整。
所属墓群	不详
组合关系	不详
画面简述	画面分为内、外两栏。外栏为卷云纹。左、右两端各阳刻一圆形，象征日、月。内栏为瑞兽图。从左至右为羽人捧瑞草、麒麟、天马、独角带翼神兽、翼龙、白虎、双头鹿、玉兔捣药。
著录与文献	李林、康兰英、赵力光：《陕北汉代画像石》，西安：陕西人民出版社，1995 年，图437；曹世玉总编：《绥德文库——汉画像石卷》，北京：中国文史出版社，2004 年，452 页，图 412。
出土/征集时间	1963 年征集
收藏地	西安碑林博物馆

编号	SSX-SD-220
时代	东汉
原收藏号	不详
出土地	绥德境内
原石尺寸	110×40
画面尺寸	不详
质地	砂岩
原石情况	正面平整，其余侧面不详。
所属墓群	不详
组合关系	不详
画面简述	画面分为上、下两格，上格分为内、外两栏。外栏为卷云纹，一熊在下承托卷云。内栏上为东王公坐于神树之上与仙人博弈，树干间有鹿，下为一门吏戴帻巾着长襦，持棨戟面门站立。下格为玄武。
著录与文献	李林、康兰英、赵力光：《陕北汉代画像石》，西安：陕西人民出版社，1995 年，图 530。
出土/征集时间	1963 年征集
收藏地	西安碑林博物馆

编号	SSX-SD-221
时代	东汉
原收藏号	不详
出土地	绥德境内
原石尺寸	116×46
画面尺寸	不详
质地	砂岩
原石情况	正面平整。
所属墓群	不详
组合关系	不详
画面简述	画面分为内、外两栏。外栏为卷云纹，下刻一青龙。内栏上为西王母（东王公？）坐于神树之上，其左侧为玉兔捣药。树干间有狐、乌；中为一人戴冠着袍，腰荷长剑，面门站立；下为一翼龙。
著录与文献	李林、康兰英、赵力光：《陕北汉代画像石》，西安：陕西人民出版社，1995 年，图 526；曹世玉总编《绥德文库——汉画像石卷》，北京：中国文史出版社，2004 年，470 页，图 430。
出土/征集时间	1963 年征集
收藏地	西安碑林博物馆

编号	SSX-SD-222
时代	东汉
原收藏号	不详
出土地	绥德境内
原石尺寸	117×37
画面尺寸	不详
质地	砂岩
原石情况	正面平整。
所属墓群	不详
组合关系	不详
画面简述	画面分为上、下两格。上格分为内、外两栏。外栏为卷云纹。内栏上为西王母端坐神树之上，左、右有玉兔和羽人跪侍，树干间有狐、鹿、乌、瑞草。下为一门吏执短柄彗面门站立。下格为玄武。
著录与文献	李林、康兰英、赵力光：《陕北汉代画像石》，西安：陕西人民出版社，1995 年，图 527；绥德汉画像石展览馆编，李贵龙、王建勤主编：《绥德汉代画像石》，西安：陕西人民美术出版社，2001 年，177 页，图 108；曹世玉总编《绥德文库——汉画像石卷》，北京：中国文史出版社，2004 年，404 页，图 368。
出土/征集时间	1963 年征集
收藏地	西安碑林博物馆

编号	SSX-SD-223-02
时代	东汉
原收藏号	不详
出土地	绥德境内
原石尺寸	95×50
画面尺寸	不详
质地	砂岩
原石情况	正面平整。
所属墓群	不详
组合关系	右门扉，与左门扉为二石组合。
画面简述	朱雀、铺首、独角兽。铺首的眼睛阴线刻画。
著录与文献	李林、康兰英、赵力光:《陕北汉代画像石》,西安:陕西人民出版社, 1995 年,图 587;曹世玉总编:《绥德文库——汉画像石卷》,北京:中国文史出版社, 2004 年,485 页,图 449。
出土/征集时间	1963 年征集
收藏地	西安碑林博物馆

编号	SSX-SD-224
时代	东汉
原收藏号	不详
出土地	绥德境内
原石尺寸	110×53
画面尺寸	不详
质地	砂岩
原石情况	正面平整。
所属墓群	不详
组合关系	不详
画面简述	朱雀、铺首、独角兽。铺首的眼睛阴刻。
著录与文献	李林、康兰英、赵力光:《陕北汉代画像石》,西安:陕西人民 出版社,1995 年,图 595;曹世玉总编:《绥德文库——汉画像石卷》,北京:中国文 史出版社,2004 年,496 页,图 462。
出土/征集时间	1963 年征集
收藏地	西安碑林博物馆

编号　　　　　SSX-SD-225

时代　　　　　东汉

原收藏号　　　不详

出土地　　　　绥德境内

原石尺寸　　　110×40

画面尺寸　　　不详

质地　　　　　砂岩

原石情况　　　正面平整。

所属墓群　　　不详

组合关系　　　不详

画面简述　　　朱雀、铺首、独角兽。铺首的双眼阴线刻画。

著录与文献　　李林、康兰英、赵力光:《陕北汉代画像石》,西安:陕西人民出版社,
　　　　　　　1995 年, 图 592。

出土/征集时间　1963 年征集

收藏地　　　　西安碑林博物馆

编号　　　　　SSX-SD-227

时代　　　　　东汉

原收藏号　　　不详

出土地　　　　绥德境内

原石尺寸　　　268×38

画面尺寸　　　不详

质地　　　　　砂岩

原石情况　　　正面平整。

所属墓群　　　不详

组合关系　　　不详

画面简述　　　画面分为上、下两栏。上栏两人着袍捧物, 恭迎车骑队列。队列的先导是三名执弓箭、
　　　　　　　荷棨戟、负棒状器的骑吏, 轺车、辎车、徒手骑吏、背负棒状器骑吏、轩车、轺车、
　　　　　　　执弓骑吏。下格为放牧图, 左边是两牧羊人放牧的羊群, 右边是牛、马群, 两人手执
　　　　　　　杆状物, 显为放牧人。右端跟随一辆马车。牛羊之间填刻一株树和鸡、飞鸟。

著录与文献　　汤池:《中国画像石全集 5 : 陕西、山西汉画像石》,济南 : 山东美术出版社, 2000 年,
　　　　　　　图 149。

出土/征集时间　1977 年出土

收藏地　　　　不详（QJ 载为绥德县博物馆）

编号	SSX-SD-229
时代	东汉
原收藏号	不详
出土地	绥德境内
原石尺寸	不详
画面尺寸	不详
质地	砂岩
原石情况	原石左、右段残佚，正面平整。
所属墓群	不详
组合关系	不详
画面简述	画面分为上、下两栏。上栏为忍冬纹。下栏为车骑行进图。一辆轺车，前有一骑吏，后跟随一奔马。
著录与文献	未发表
出土/征集时间	不详
收藏地	西安碑林博物馆

编号	SSX-SD-230
时代	东汉
原收藏号	不详
出土地	绥德境内
原石尺寸	17×62
画面尺寸	不详
质地	砂岩
原石情况	原石左、右段残佚，正面平整。
所属墓群	不详
组合关系	不详
画面简述	画面分为内、外两栏。外栏为卷云纹。内栏残存双角翼龙、独角翼龙，间以瑞草。
著录与文献	李林、康兰英、赵力光：《陕北汉代画像石》，西安：陕西人民出版社，1995 年，图 484。
出土/征集时间	不详
收藏地	西安碑林博物馆

编号	SSX-SD-234-01
时代	东汉
原收藏号	不详
出土地	绥德境内
原石尺寸	112×38
画面尺寸	不详
质地	砂岩
原石情况	正面平整。
所属墓群	不详
组合关系	左门柱，与右门柱为二石组合。
画面简述	画面分为上、下两格。上格分为内、外两栏。外栏为卷云纹。内栏上为西王母（？）端坐于神树之上，左、右有玉兔、羽人跪侍。树干间有鹿、狐、长尾鸟。下为持棨戟门吏头戴帻巾，身着长襦大袴，面门而立。下格为玄武。
著录与文献	李林、康兰英、赵力光：《陕北汉代画像石》，西安：陕西人民出版社，1995 年，图522；曹世玉总编：《绥德文库——汉画像石卷》，北京：中国文史出版社，2004 年，469 页，图 428。
出土/征集时间	不详
收藏地	西安碑林博物馆

编号	SSX-SD-234-02
时代	东汉
原收藏号	不详
出土地	绥德境内
原石尺寸	106×37
画面尺寸	不详
质地	砂岩
原石情况	正面平整。
所属墓群	不详
组合关系	右门柱，与左门柱为二石组合。
画面简述	画面分为上、下两格。上格分为内、外两栏。外栏为卷云纹；内栏上为西王母（？）端坐于神树之上，左右有玉兔、羽人跪侍。树干间有鹿、狐、飞鸟。下为拥彗门吏。头戴帻巾，身着长襦大袴，面门而立。下格为玄武。
著录与文献	李林、康兰英、赵力光：《陕北汉代画像石》，西安：陕西人民出版社，1995 年，图523；曹世玉总编：《绥德文库——汉画像石卷》，北京：中国文史出版社，2004 年，469 页，图 429。
出土/征集时间	不详
收藏地	西安碑林博物馆

编号	SSX-SD-244
时代	东汉
原收藏号	不详
出土地	绥德境内
原石尺寸	不详
画面尺寸	不详
质地	砂岩
原石情况	正面平整。
所属墓群	不详
组合关系	不详
画面简述	朱雀、铺首、独角兽。空白处填刻朱雀、羽人双手执瑞草、人面鸟、两虎的前半身，连铺首所衔的环内也填刻一虎。
著录与文献	绥德汉画像石展览馆编，李贵龙、王建勤主编：《绥德汉代画像石》，西安：陕西人民美术出版社，2001 年，105 页，图 54。
出土/征集时间	不详
收藏地	西安碑林博物馆

编号	SSX-SD-245
时代	东汉
原收藏号	不详
出土地	绥德境内
原石尺寸	不详
画面尺寸	不详
质地	砂岩
原石情况	原石下段残佚，正面平整。
所属墓群	不详
组合关系	不详
画面简述	朱雀、铺首、独角兽。
著录与文献	未发表
出土/征集时间	不详
收藏地	西安碑林博物馆

236